Anisha Mörtl
LOTOSTOCHTER

Anisha Mörtl

LOTOS-TOCHTER

Ich bin ein gestohlenes Kind

Aufgezeichnet von Beate Rygiert

MIX
Papier aus verantwor-
tungsvollen Quellen
FSC® C014496

Verlagsgruppe Random House FSC-DEU-0100
Das für dieses Buch verwendete FSC®-zertifizierte Papier
Munken Premium liefert Arctic Paper Munkedals AB, Schweden.

ISBN 978-3-517-08719-1
© 2011 by Südwest Verlag, einem Unternehmen der Verlagsgruppe Random House GmbH, 81673 München

Alle Rechte vorbehalten. Vollständige oder auszugsweise Reproduktion, gleich welcher Form (Fotokopie, Mikrofilm, elektronische Datenverarbeitung oder andere Verfahren), Vervielfältigung und Weitergabe von Vervielfältigungen nur mit schriftlicher Genehmigung des Verlags.

Programmleitung: Silke Kirsch
Projektleitung: Stefanie Heim
Lektorat: Angela Stangl, Lektorat Stangl
Bildredaktion: Sabine Kestler
Bildnachweis: Privatfotos mit Ausnahme S. 128:
Christian M. Weiß
Litho: Artilithosnc, Lavis (Trento)

Layout und Satz: Nadine Thiel | kreativsatz, Baldham
Umschlagfoto und -gestaltung: Christian M. Weiß

Druck und Verarbeitung: GGP Media GmbH, Pößneck

Gedruckt auf chlor- und säurefreiem Papier

Printed in Germany

817 2635 4453 6271

Inhalt

Prolog 7

Das schwierige Wort »Adoption« 11

Die Erwartungen meiner Mutter 20

Das Baby Girl mit den Rosen 35

Zwölf Jahre später – der Weg zurück 47

Die Suche nach den Wurzeln 56

Eine Mauer des Schweigens 74

Der Wahrheit auf der Spur 84

99,99 Prozent Gewissheit 99

Die mühevolle Arbeit des Erwachsenwerdens 111

Die Eskalation 143

Auf dem schwankenden Grund der Freiheit 155

Das Wiedersehen 166

Meine indische Familie 181

Ein Ende und ein Anfang 198

Was bleibt 211

Epilog 235

Danksagung 237

Prolog

»Du bist ein gestohlenes Kind!«

Der junge Mann sah mir auf eine Weise in die Augen, die ich nicht gewohnt war. Was meinte er damit? Die indische Sonne stand schon tief, meine Eltern, Arun Dohle und ich saßen im Außenbereich eines Restaurants in Hyderabad. Gerade erst hatten wir uns kennengelernt, und jetzt überfiel mich Arun mit diesem ungeheuerlichen Satz. Ich konnte spüren, wie meine Eltern die Schultern strafften und auf Abwehr gingen. Meine Mutter warf Arun einen Blick zu, als sollte der ihn auf der Stelle in Stein verwandeln. Sie sog hörbar die Luft ein, doch ehe sie etwas sagen konnte, kam ich ihr zuvor.

»Wie meinst du das?«, fragte ich.

Vom ersten Augenblick an hatte ich große Sympathie für Arun Dohle empfunden. Wir hatten etwas gemeinsam, und damit meine ich mehr als nur unsere indische Abstammung. Arun hatte eine unglaublich intensive Art, die mir fast ein wenig übertrieben vorkam. Gleichzeitig ging von ihm eine Freundlichkeit aus, die mir das Herz erwärmte, und mit dieser Mischung schlug er mich in seinen Bann. Auf Anhieb sah ich in ihm einen Vertrauten, einen, der es gut mit mir meinte. Jemanden, der mich verstand.

»Und wie war das bei dir?«, hatte ich ihn gleich bei der Begrüßung gefragt. Auch er war in Indien geboren und von deutschen Eltern adoptiert worden. Meine Frage hatte ihn zum Lachen gebracht. Ich dagegen fand seinen Satz, ich sei ein gestohlenes Kind, überhaupt nicht lustig. War das nicht schrecklich übertrieben?

»Ganz einfach«, sagte er. »Es ist so, wie ich es sage. Genauso wie ich bist du deiner wahren Familie weggenommen worden.«

Ein Sturm der Entrüstung ging durch meine Eltern, die mich vor fast vierzehn Jahren adoptiert hatten. Wie er so etwas nur sagen könne. Das sei eine unverantwortliche Behauptung, die mich doch nur durcheinanderbringen würde. Sie waren entrüstet darüber, dass dieser Fremde einfach so daherkam und mich mit seiner unglaublich klingenden Geschichte erschütterte.

»Ist ja gut«, sagte Arun, und in seinen Augen lag etwas Gewitztes. »Wenn die Adoption bei Ihnen ganz anders verlaufen ist und Sie sich nichts vorzuwerfen haben, müssen Sie sich auch nicht aufregen. Dann haben Sie nichts zu verbergen und können Anisha bei der Suche nach ihrer leiblichen Mutter helfen.«

Während meine Eltern mit Arun diskutierten, hallte in mir dieser Satz wider. »Du bist ein gestohlenes Kind.« Das klang zu ungeheuerlich, als dass ich es damals glauben konnte, auch wenn Arun noch so sehr davon überzeugt zu sein schien. Lag es vielleicht daran, dass er selbst schlechte Erfahrungen gemacht hatte und nun dachte, dass das Gleiche auf alle adoptierten Kinder zutreffen müsste? Und doch konnte ich mir nicht vorstellen, warum er Lügen erzählen und sie dann auch noch mit einer solchen Vehemenz vortragen sollte. Je länger ich mit Arun sprach, umso mehr Eigenschaften entdeckte ich an ihm, die auch auf mich zutreffen. Wie er werde ich noch heute hitzig und temperamentvoll, wenn ich mir einer Sache ganz sicher bin und unbedingt möchte, dass mir mein Gegenüber glaubt. Und hatte ich nicht von Anfang an, all die Jahre in Deutschland, seit man mir von meiner indischen Herkunft und der Geschichte meiner Adoption erzählt hatte, das Gefühl gehabt, dass daran etwas nicht stimmte? Dass irgendein entscheidendes Detail fehlte? Und schien das, was Arun jetzt sagte, dieses Gefühl nicht zu bestätigen? Hatte ich nicht aus ebendiesem Grund meine Adoptiveltern gebeten, mit mir nach Indien zu fahren, um dort mit mir nach meinen Wurzeln zu suchen? Saß ich jetzt nicht genau deshalb hier, um mit Arun Dohle zu sprechen, der seit Jahren auf der Suche nach seiner leiblichen Mutter war und viel mehr über dieses Thema wusste als ich?

»Du bist ein gestohlenes Kind!«

Dieser Satz war nicht der Anfang meiner Suche nach der Wahrheit. Aber er bedeutete eine entscheidende Wendung auf meinem Weg zu ihr. Wäre er nicht ausgesprochen worden, wer weiß, ob ich meinen Ahnungen weiterhin gegen alle Widerstände, die sich mir entgegenstellten, gefolgt wäre. Wer weiß, ob es mir gelungen wäre, das Unrecht zu erkennen, das vierzehn Jahre zuvor rund um meine Geburt geschehen war. Aruns Worte sorgten dafür, dass ich das Ungeheuerliche nun immerhin für möglich hielt.

Denn es ist wahr. Jahre später sollte sich zeigen, dass Arun damals den Nagel auf den Kopf getroffen hatte. Und das Schlimme ist: Auch heute noch werden jeden Tag unzählige Kinder ihren Familien weggenommen und wie eine Ware in die ganze Welt verkauft. All das geschieht unter dem Deckmantel der Nächstenliebe. Darunter aber verbergen sich Geldgier, Korruption, Kaltblütigkeit und die Anmaßung, über Wohl und Weh fremder Schicksale zu entscheiden, sowie ein allgemein akzeptiertes Geschäft mit den Sehnsüchten von kinderlosen Paaren, ein Ausverkauf der Gefühle. Dahinter steht nichts anderes als ein globales Netz von gut organisierten und wohlgelittenen, ja sogar angesehenen Kinderhändlern. Im Namen der Menschlichkeit werden Familien gnadenlos auseinandergerissen, Kinder entwurzelt und die grundlegendsten Menschenrechte mit Füßen getreten. Meine Geschichte ist nur ein Beispiel unter Tausenden. Ja, Arun Dohle hatte recht. Ich bin ein gestohlenes Kind, und dies ist meine Geschichte.

Das schwierige Wort »Adoption«

Am Anfang war das Gefühl von heißem Asphalt unter den Füßen. Kleine Füße. Sie müssen schnell laufen, denn wenn sie stehen bleiben, dann brennen sie fest…

Wenn ich versuche, mich an damals zu erinnern, dann ist es, als griffe ich nach hauchfeinen, flatternden Vorhängen. Doch statt sie zu erhaschen, lösen sie sich auf und werden überlagert von Dingen, die man mir erzählt hat. Von Fotos, die man mir zeigte. Von Geschichten, von denen ich nicht weiß, ob sie wahr sind. Nur das Gefühl von heißem Boden unter den Fußsohlen ist mir geblieben und noch heute liebe ich es, barfuß zu laufen und die Hitze der Erde zu spüren.

Es war an einem ganz normalen Abend in unserer Moosacher Wohnung. Meine Mutter sah sich gerade eine Folge ihrer Lieblingsserie an, in der eine junge Frau ein Baby bekam. Sie hatte Schmerzen, das konnte man sehen und hören, und ich fragte meine Mutter: »Mama, hast du auch so geschrien und Schmerzen gehabt, als du mich bekommen hast?«

Da sagte sie: »Nein, Anisha. Ich habe dich anders bekommen.«

»Wie denn?«, wollte ich wissen.

»Du kommst aus einem anderen Land.«
»Aus welchem Land?«
»Aus Indien.«

Damals war ich drei Jahre alt und lernte ein schwieriges Wort: »Adoption«. Dieses neue Wort erklärte viele Dinge, die mich umtrieben. Warum meine Haut so dunkel war und die meiner Eltern nicht. Warum ich so anders aussah als die meisten Kinder, die mit mir in den Kindergarten gingen. Für all das war die Adoption verantwortlich, und ich war zufrieden, fragte nicht nach, ob ich dort im fernen Indien vielleicht Eltern hätte oder Geschwister. Ob dort Menschen lebten, die so aussehen wie ich. Diese Fragen kamen erst später, als ich in die Schule kam. Ich malte Bilder mit dunkelhäutigen Menschen, Papa, Mama und zwei Geschwister. Keiner von ihnen hatte ein Gesicht.

Das war, nachdem mir meine Eltern erzählt hatten, was sie über meine Herkunft wussten: Dass meine Eltern mich fortgeben mussten, weil sie bereits zwei Töchter hatten und für eine dritte nicht mehr sorgen konnten. Wie sie mich daraufhin bei Schwester Teresa abgaben, die so lieb war, auf mich aufzupassen, bis meine Eltern aus Deutschland kamen, um mich als ihre Tochter anzunehmen – zu adoptieren eben.

All das musste ich erst einmal verdauen. Ich hatte also zwei Schwestern? Dann tauchten mehr Fragen in mir auf, ich wollte es genauer wissen. Wie genau war das alles vor sich gegangen? Wo lebten meine richtigen Eltern? Und vor allem: Sahen sie mir ähnlich?

Ich hatte damals eine Freundin, die ihrer Mutter glich, als sei sie ihr aus dem Gesicht geschnitten, und das faszinierte mich enorm. Ich verbrachte viel Zeit im Haus dieser Freundin, und immer, wenn ich Mutter und Tochter betrachtete, musste ich darüber nachdenken, ob meine richtige Mutter mir wohl auch ähnlich sah. Und so kam es, dass mir immer öfter bewusst wurde, dass ich ja noch eine andere Mutter hatte als die, die für mich sorgte.

Wo diese echte Mutter wohl war? Und diese Schwestern, sahen sie so aus wie ich? Wie würde es sich anfühlen, wenn mir jemand ähnlich sähe? Doch all das konnten mir meine Eltern nicht beantworten. Sie wussten es einfach nicht. Irgendwann hörte ich auf, solche Fragen zu stellen, denn ich begriff, dass es nur diese eine Geschichte gab, die Schwester-Teresa-Geschichte, wie ich sie im Stillen nannte. Aber da war ein Gefühl, das ich nicht benennen konnte. Dieses Gefühl sagte mir, dass an der ganzen Sache irgendetwas nicht stimmte.

Dass meine richtigen Eltern arm waren, so arm, dass sie mich nicht hatten behalten können, beschäftigte mich oft. Einmal, als ich meinen Spinat mit Kartoffeln nicht aufessen wollte, sagte mein Papa zu mir: »Die armen Kinder in Indien haben nichts zu essen. Also iss du wenigstens auf.« Aber was half es den armen Kindern in Indien, wenn ich mein Essen aufaß, obwohl ich schon satt war? Also packte ich Kartoffeln und Spinat in einen Briefumschlag, auf den ich geschrieben hatte: »An die armen Kinder in Indien«, klebte ihn zu und warf ihn in den Briefkasten. Ein anderes Mal bewahrte ich eine Portion Fisch in einer Kiste auf, die ich ebenfalls zur Post bringen wollte, aber dann in meinem Zimmer vergaß, wahrscheinlich auch, weil ich sie nicht essen wollte, bis die Kiste eines Tages entdeckt wurde, als der Fisch schon Schimmel angesetzt hatte und schlecht roch. Meine Mutter schimpfte. Aber mein Papa fand es lustig.

Später erzählten meine Eltern mir immer wieder, fast mit ein wenig Wehmut in der Stimme, was für ein süßes Kind ich gewesen sei, als ich noch ganz klein war. Meine Eltern waren mit mir durch die ganze Welt gereist. Das war kein Problem, denn ich schlief überall wie ein Murmeltier, sei es im Flugzeug oder in irgendwelchen Unterkünften. Ich kam mit der Zeitverschiebung gut zurecht, jammerte nicht, wenn die Reise anstrengend war, vertrug jedes Essen und hatte immer gute Laune. Das Einzige, was meinen Eltern Sorgen machte, war mein schlimmer Husten, den ich bereits aus Indien mit nach Deutschland gebracht hatte. Eine chronische Bronchitis, wie sich herausstellte, und den Optimismus meiner Eltern Lügen strafte, die der Meinung gewesen waren, erst einmal in Deutschland, würden mich anständige Ärzte schon heilen. Doch trotz aller Anstrengungen der Götter in Weiß blieb die Bronchitis meine ständige Begleiterin. Bis ein Arzt schließlich ein homöopathisches Mittel fand, das mir endlich half. Damals war ich zwölf Jahre alt, und noch heute ist er der Einzige, der mir helfen kann, wenn es mir wieder einmal gesundheitlich schlecht geht.

Davor allerdings war meine Bronchitis mitunter so schlimm, dass ich Blut hustete und meine Eltern fürchteten, ich würde ersticken. Seltsamerweise störte mich selbst dieser Husten gar nicht so sehr, ich war an ihn gewöhnt, er gehörte zu mir wie meine dunkle Haut und meine widerspenstigen Locken. Auch wenn mir meine Mutter diese eines Tages radikal abschnitt, sodass ich aussah wie ein kleiner Junge und mich im Spiegel selbst nicht mehr wiedererkannte, so wuchsen sie doch immer wieder nach, nur leider fand ich sie nie wieder so schön wie zuvor. Den Husten habe ich heute ebenfalls noch, allerdings hat er sich durch die Homöopathie entscheidend gebessert.

Als ich sechs Jahre alt war, zogen wir in ein eigenes, schönes, geräumiges Haus. Auf den Fotos vor dem Rohbau schaue ich finster drein, denn ich hatte keine Lust umzuziehen. Meine Freundinnen lebten in unserem alten

Wohnort, und ich fand es außerdem völlig unnötig, dass zwei Erwachsene und ein kleines Kind in einem so großen Haus wohnen sollten. Schnell fand ich heraus, dass ich in unserer Siedlung die einzige Ausländerin war, hier lebten fast nur hellhäutige Mädchen mit blonden Haaren, unter denen ich herausstach wie ein schwarzes Schaf unter lauter weißen Lämmern. Zudem kannten sich die Familien dort seit Generationen. Schon die Eltern waren in den gleichen Kindergarten, auf das gleiche Gymnasium oder die gleiche Realschule gegangen und hatten die gleiche Fahrschule besucht, und so ging es bei ihren Kindern weiter. Nur ich war bei dieser Entwicklung ein klein wenig später eingestiegen und unterschied mich somit noch etwas mehr von den anderen Kindern.

Bei meiner Einschulung hatte ich eine riesige Schultüte, sie war fast so groß wie ich selbst. Dennoch denke ich auch heute noch ungern an diesen Tag, denn es war einer der ersten von vielen, die folgen sollten, an denen ich erbitterten Streit mit meiner Mutter hatte. Der Anlass? War wie immer nichtig. Ich hasste es, wenn mir Leute etwas in meine Haare steckten. Mein dichtes dunkles Haar mit den großzügigen Wellen schien Erwachsenenhände geradezu magisch anzuziehen, sie wollten es unbedingt scheiteln, kämmen, flechten oder zurechtstecken. Das konnte ich überhaupt nicht leiden, und wenn ich heute das Foto meiner Einschulung betrachte, dann bleibt mein Blick immer an dem roten Spängchen hängen, das mir meine Mutter unter meinem Protest ins Haar gepresst hatte. Auch am Tag meiner Taufe stritten wir. Ich wurde erst mit sieben Jahren getauft. Zu diesem Anlass hatte ich ein neues Kleid bekommen mit passenden Schuhen und Söckchen. Am Tag zuvor wollte ich die Schuhe vor dem Spiegel anprobieren. Als meine Mutter das sah, schrie sie mich an, was mir denn einfiele, die neuen Sachen dürfe ich erst an meinem großen Tag tragen. »Warum?«, wollte ich wissen. Ich konnte nicht einsehen, warum ich mich nicht schon vorher an den neuen Sachen freuen durfte. Ich fühlte mich ungerecht behandelt, und wieder entbrannte ein erbitterter Streit, der das gesamte Tauffest überschattete.

Ich war fünf Jahre alt, als etwas geschah, das mein Verhältnis zu meinen Eltern und dem Wort »Adoption« für immer verändern sollte. Meine Eltern beschlossen, dass sie noch ein zweites Kind annehmen wollten. Eines Tages fragte mich meine Mutter, was ich davon hielte, ein Geschwisterchen zu bekommen.

Ein Geschwisterchen? Aber woher?

»Wir fahren in den Sommerferien nach Brasilien«, erklärte mir mein Vater. »Und dort werden wir vielleicht ein Brüderchen für dich finden.«

Finden?

»Na so, wie wir dich gefunden haben. Wir suchen ein Kind, das keine Eltern mehr hat.«

Aber ich habe doch Eltern …

»Na ja, ein Kind, das entweder keine Eltern mehr hat oder welche, die nicht für es sorgen können.«

Und warum einen Jungen? Ein Schwesterchen hätte mir auch ganz gut gefallen. Vielleicht dachte meine Mutter, dass ein Sohn Mutterliebe viel mehr zu schätzen wüsste als eine Tochter?

Es dauerte eine Weile, bis ich mich an diesen Gedanken gewöhnte. Warum denn noch ein Kind? Wie der kleine Bruder wohl sein würde? Ob ich mich mit ihm verstehen würde? Doch die Vorbereitungen auf die Reise stellten meine Bedenken in den Hintergrund.

Es war wie gesagt nicht der erste weite Flug, den meine Eltern mit mir unternahmen. Mein Vater war schon immer ein Weltenbummler gewesen, und da er als Lehrer genügend Urlaub hatte, reisten die beiden gerne und weit. Meine Mutter hatte früher als Arzthelferin gearbeitet, hatte ihren Job aber aufgegeben, als ich zu ihnen kam. Und so hatten sie mit mir schon viele ferne Länder besucht. Dieses Mal ging es also nach Brasilien. Bis wir dort ankamen, hatte ich mich mit dem Gedanken an ein Brüderchen angefreundet und konnte es kaum erwarten, ihn endlich kennenzulernen.

Damals war ich noch viel zu klein, um mitzuverfolgen, welche Wege meine Eltern einschlugen, um in Brasilien ein Kind vermittelt zu bekommen. Heute weiß ich, dass ihnen eine Frau behilflich war, die selbst mehrere Kinder adoptiert hatte, unter anderem auch eines aus Brasilien. Adoptiveltern haben untereinander ein reges Netzwerk, tauschen sich aus, geben einander Ratschläge. Damals war es noch schwieriger als heute, Informationen über Auslandsadoptionen zu bekommen. Das Internet wurde gerade erst für Laien populär und man konnte sich noch nicht in Foren darüber informieren, wie es anderen Adoptiveltern erging. In den darauffolgenden Jahren war es dann möglich, über das Internet zu erfahren, wie viel manche Paare für ein Kind in einem bestimmten Land zahlen mussten.

Bei meinen Eltern jedoch waren oft nervenaufreibende und langwierige Telefonate notwendig, um herauszufinden, welche Stelle wofür zuständig war. Und so war es nur natürlich, dass sich angehende Adoptiveltern gegenseitig unterstützten. Meine Eltern hatten bereits vor unserer Reise von Deutschland aus alles in die Wege geleitet und erfahren, dass in Brasilien ein kleiner Junge zur Adoption freigegeben war. Als wir dort ankamen, wartete er bereits auf uns: Sebastian, vielleicht drei oder vier Jahre alt. Das Erste, was ich dachte, war: Oh, wie schön, der sieht mir ja richtig ähnlich! Auch er hatte dunkle Haut, riesige schwarze Augen und dunkle Locken. Genau wie ich. Als Nächstes fiel mir auf, dass Sebastian keine Sekunde still stehen konnte. Selbst wenn er auf einem Stuhl saß, wirkte er wie ein Gummiball, hüpfte und sprang herum, hopste und zappelte. Damals wusste ich noch nicht, dass es ein Wort für sein Verhalten gibt: Sebastian war höchstwahrscheinlich hyperaktiv, und am Anfang ging er mir damit ziemlich auf die Nerven. Um ihn besser kennenlernen zu können, nahmen wir ihn mit in unser Hotel, und dort ging die Hopserei und Zappelei weiter.

Trotzdem, oder vielleicht auch deswegen, schloss ich Sebastian in den folgenden Tagen fest in mein Herz. Wir schliefen im selben Zimmer und mit der Zeit gewöhnte ich mich an ihn. Dieses Kerlchen war ja noch kleiner als ich, und meine Beschützerinstinkte erwachten. Ich nahm ihn an der Hand, spielte mit ihm, zog ihn auf meinen Schoß und gab ihm Bussis. Jetzt hatte ich ein Brüderchen, und wenn Sebastian auch manchmal anstrengend sein konnte, war ich überglücklich.

Und dann, eines Tages, war er plötzlich wieder verschwunden.

Es hatte Ärger mit der Vermittlungsorganisation gegeben, die auf einmal exorbitante Geldforderungen stellte. Meine Eltern hatten Sebastian zu einem Arzt gebracht und einen Gesundheitscheck mit ihm machen lassen. Das hatten wiederum die Adoptionsvermittler als Beleidigung aufgefasst. Als meine Eltern sich schließlich weigerten, die überraschend hohe Vermittlungsgebühr zu bezahlen, verweigerte man ihnen das Sorgerecht für den kleinen Sebastian.

»Er hat eh so gehustet«, sagte meine Mutter noch Jahre später, »wir hätten ihn sowieso nicht mit nach Deutschland nehmen können.«

Von einem anderen Adoptivkind war danach nie wieder die Rede.

Ich aber war enttäuscht. Und erschüttert. Ich hatte mich an Sebastian gewöhnt, für mich war er bereits mein kleiner Bruder gewesen. Ich hatte ihn lieb gewonnen, hatte ihn an der Hand gehalten, auf meinem Schoß gewiegt und ihm Bussis gegeben. Und dann war er auf einmal wieder weg. Weil er hustete. So wie ich.

Die Erwartungen meiner Mutter

Meine Mutter hat kurz nach meiner Ankunft in Deutschland ihren Beruf aufgegeben, um sich ganz mir und meiner Erziehung widmen zu können. Und so hatte sie sehr viel Zeit für mich. Ich bin mir sicher, dass sie ihre Sache gut machen und mir, dem Waisenmädchen aus den Slums von Indien, eine echte Chance für ein besseres Leben geben wollte. Schon vor meiner Einschulung sagte sie oft zu mir: »Für eine Frau ist es wichtig, dass sie auf eigenen Beinen stehen kann. Sie braucht einen guten Beruf, eine solide Ausbildung, am besten ein Studium. Das ist das A und O, denn dann haben die Leute Respekt vor dir und du wirst von allen geachtet.«

Sie selbst, sagte sie, hätte diese Möglichkeiten nicht gehabt. Sie wuchs als Älteste von drei Geschwistern auf und musste auf die Jüngeren aufpassen. Sie waren Mamas Lieblinge, während meine Mutter nicht wirklich zählte. So kam es, dass sie mit siebzehn Jahren von zu Hause wegging und ins Ausland zog. Ich denke, sie fühlte sich von ihrer Familie nie wirklich geliebt und bekam zudem nicht die Chance, eine gute Schulbildung, geschweige denn ein Studium zu absolvieren. Während ihre jüngere Schwester einen Zahnarzt heiratete, wurde ihr kleiner Bruder Arzt. Und das war es, was sie für mich beschlossen hatte: Auch ich sollte einmal Ärztin werden.

Sie selbst war Arzthelferin.

Es ist ganz normal, dass Mütter für ihre Kinder nur das Beste wollen, doch meine Mutter übertrieb es von Anfang an. Schon in der Grundschule wachte sie streng über meine schulischen Leistungen, und wehe, ich brachte einmal nicht die beste Note mit nach Hause, dann gab es fürchterlichen Ärger.

Besonders im Fach Heimat- und Sachkunde, aus dem in späteren Klassen einmal der Biologieunterricht wird, duldete sie keine Schwäche. Erst viel später begriff ich, dass sie möglicherweise damals schon ihr großes Ziel, aus mir eine Ärztin zu machen, gefährdet sah. In der dritten Grundschulklasse meldete sie mich zu einem freiwilligen Englischkurs an und zunächst hatte ich auch große Lust dazu. Denn schon seit einer Weile kauften mir meine Eltern regelmäßig ein Kindermagazin mit lustigen Comics und Sprachkassetten, das mir großen Spaß machte. Meine Mutter besuchte Englischkurse in der Volkshochschule und erklärte mir unentwegt, wie wichtig es für mich sei, diese Weltsprache möglichst früh fließend zu beherrschen. Täglich hörte sie mich ab und war unerbittlich, wenn ich die Sätze nicht richtig aussprechen konnte. So kam es, dass mir die Freude an der neuen Sprache ziemlich schnell abhandenkam. Meine Mutter übte auf mich bereits im Alter von neun Jahren einen solchen Druck aus, dass mir Englisch bald verleidet war.

Sie förderte mich in diesen Jahren, wo immer sie nur konnte, doch leider überspannte meine Mutter meiner Meinung nach oft den Bogen, sodass sie das Gegenteil von dem bewirkte, was sie eigentlich erreichen wollte. Ich lernte leicht und gern, doch der Druck, den sie mir schuf, sorgte dafür, dass sich in mir Blockaden aufbauten und ich statt besserer eher schlechtere Leistungen ablieferte.

Wofür ich ihr bis heute dankbar bin, ist, dass sie meine Freude an Büchern immer unterstützt hat. Sobald ich Buchstaben entziffern und Wörter aneinanderreihen konnte, liebte ich es zu lesen. Ganz in der Nähe unseres Hauses gab es eine Bibliothek, und jede Woche lieh ich so viele Bücher aus, wie ich nur durfte. Später borgte meine Mutter mir ihren eigenen Bibliotheksausweis, damit ich noch mehr Lektüre mit nach Hause nehmen konnte. So kam es, dass ich mich nie für Computerspiele interessierte, Bücher waren einfach nicht zu toppen, und bald hatte ich die ganze Kinder- und Jugendabteilung durch. Irgendwann mischte sich meine Mutter in meine Auswahl ein, regte an, ich solle doch »bessere« Bücher lesen, nicht diesen »Mist« wie Harry Potter oder Ähnliches. Ich aber liebte Harry Potter und mein Vater teilte meine Begeisterung für die alljährlich erscheinenden Bände, sodass wir uns stundenlang über die Abenteuer des Zauberlehrlings unterhalten konnten. Meine Mutter schien das zu ärgern. Ich glaube, weil sie sich ausgeschlossen fühlte und ein bisschen eifersüchtig war. Um dem entgegenzuwirken, schenkte mein Vater ihr eines Tages einen eigenen Harry Potter-Band.

»Lies es doch auch mal«, versuchte er sie zu überzeugen, »dann weißt du, wovon wir reden.«

Aber sie weigerte sich strikt und las stattdessen weiterhin die Biografien von berühmten emanzipierten Frauen in der Geschichte und der Gegenwart. Dabei wollte sie mein Vater doch nur einbinden.

Es gab noch mehr Freizeitbeschäftigungen, bei denen ich etwas lernen durfte. Mit sechs Jahren begann ich auf eigenen Wunsch Klavier zu spielen. Jedoch stellte sich auch hier bald heraus, dass meine Motivation für das Instrument eine ganz andere war als die meiner Mutter. Ich wollte aus Spaß Musik machen und Freude dabei haben, meine Mutter aber verlangte auch hier Leistung. Ich musste jeden Tag eine bestimmte Zeit lang üben, und das Stück, das ich gerade erarbeitete, sollte dann fließend über die Tasten perlen.

So baute sich nach und nach ein ungeheurer Leistungsdruck auf, der mir alle Freude am Lernen und Üben nahm. Ich war immer eine durchschnittliche Schülerin. In Latein aber hatte ich – nach einem schwierigen Start – sehr gute Noten. Ich freundete mich so mit dem Fach an, dass ich in der Oberstufe Latein als Leistungskurs wählte. Denn Latein war etwas, von dem meine Mutter nichts verstand, hier konnte sie mir nicht hineinreden oder mir gute Ratschläge erteilen, und darum machte mir dieses Fach ganz besonders großen Spaß. Das war in Englisch ganz anders, und fatalerweise schlug sich der Stress, den meine Mutter mir bereitete, auf meine Ergebnisse in dieser Sprache nieder, ausgerechnet in dem Fach, das meiner Mutter gleich nach allen naturwissenschaftlichen Fächern, die man ihrer Meinung nach für ein Medizinstudium brauchte, am wichtigsten war. In Englisch hatte ich von Anfang an Schwierigkeiten, und das zog sich durch bis zum Abitur.

Hatte mein Husten schon verhindert, dass wir Sebastian zu uns ins Haus holten, so war er auch der Grund dafür, dass ich ganz selten mit den anderen Kindern draußen spielen durfte.

»Du erkältest dich bloß«, hieß es immer. »Dann hustest du wieder und ich kann nicht schlafen.«

Ich hatte das Gefühl, dass meine Mutter mich einfach stets um sich haben wollte. Ständig ruhten ihre Augen beobachtend auf mir, unablässig kontrollierte sie, was ich tat. Ich fühlte mich nicht wohl unter ihrem Blick. Als warte sie darauf, dass sich eines Tages etwas Unberechenbares, Fremdes in mir zeigen würde.

Ich kann mich nur an wenige Gelegenheiten erinnern, bei denen ich mit den Nachbarsjungen draußen spielen durfte, ansonsten kam das einfach nicht vor. Entweder besuchte meine Mutter mit mir ein anderes Kind zu Hause, wo im Haus gespielt wurde, oder das Kind kam zu uns. Dabei wäre ich so gerne einfach mal bei schönem Wetter mit den anderen Kindern über die Wiesen gelaufen, hätte draußen herumgetollt und mich so richtig ausgetobt.

Die ständige Präsenz meiner Mutter empfand ich mit der Zeit als enorm belastend. Seit ich in die Schule ging, hatte sie aufgehört, mich zu umarmen, zu streicheln oder auf ihren Schoß zu nehmen. Zwischen uns spürte ich eine Kälte, die ich nicht greifen, nicht begreifen konnte. Ständig wurde ich bewertet, immer ging es darum, ob ich etwas richtig gemacht hatte oder nicht, und, obwohl ich mir große Mühe gab, hatte ich das Gefühl, dass ich meistens das Falsche tat. Der Zorn meiner Mutter konnte sich an unglaublichen Nichtigkeiten entzünden und so sehr ich mich auch bemühte, es ihr recht zu machen, so gelang mir das doch so gut wie nie.

Dabei wollte ich doch so gerne alles richtig machen. Sogar als ich mit sieben Jahren als Prinzessin verkleidet zum Kinderfasching ging, bemühte ich mich, den in mich gesetzten Erwartungen gerecht zu werden. Mein Vater erzählte mir erst vor Kurzem eine kleine Anekdote, an die er sich noch gerne schmunzelnd erinnert. Damals hatte ich ihn ganz ernsthaft gefragt: »Papa, sag mal, was muss man denn so tun als Prinzessin?«

Es gab eine einzige Sache in meinem Leben, die ganz allein mir gehörte und in der ich auch so gut war, dass meine Mutter daran nichts auszusetzen hatte: Im Alter von sieben Jahren begann ich zu tanzen. Ich werde nie vergessen, wie ich zum ersten Mal dem Training der Mädchen in meinem Alter zusehen durfte. Es handelte sich um Showdance, eine Mischung aus klassischem und modernem Tanz, und besonders ein Mädchen in der ersten Reihe faszinierte mich. Es bewegte sich so anmutig und elegant, sie wirkte so selig auf mich, so durch und durch erfüllt von selbstvergessenem Glück, dass ich auf der Stelle beschloss, dass ich das auch machen wollte. All die Jahre war ich eines der treuesten Vereinsmitglieder, bis vor Kurzem ging ich jede Woche zweimal zum Training, und als ich älter wurde, trainierte ich mit einer Kollegin noch zusätzlich kleinere Mädchen. Wir gewannen alle möglichen Preise und erlebten gemeinsam Höhen und Tiefen. Das Tanzen half mir in allen Lebenslagen, hier konnte ich so sein, wie ich war, hier musste ich mich nicht verbiegen, musste keinen Erwartungen gerecht werden, die ich nicht verstand, keine Wunder vollbringen, sondern konnte einfach ich selbst sein. Hier gehörte ich dazu, wurde akzeptiert und geachtet, und all das war mir Motivation genug. Aus diesem wunderbaren Sport zog ich die Kraft, es all die Jahre in meinem Elternhaus auszuhalten und das leise, aber unerbittliche Regime meiner Mutter zu ertragen.

Damals, als meine Eltern mich aus Indien nach Deutschland holten, war ich ein elf Monate alter süßer kleiner Fratz. Alle fanden mich goldig, und bis auf meinen Husten war ich ein ruhiges, braves Kind, das sich mühelos in den Haushalt seiner Eltern einfügte. Doch sobald ich in die Schule kam, vollzog sich eine fast unmerkliche Veränderung in mir: wie alle Kinder verwandelte ich mich von einem herzigen Kleinkind in ein Mädchen, das sich in der neuen Welt des Lernens zurechtfinden muss, Freundschaften schließt und seinen eigenen Willen entwickelt. Ich verlor meine Milchzähne und die richtigen Zähne wuchsen nach. In diesem Alter ist man noch nicht Fisch und nicht Fleisch, wächst in die Höhe und muss mit allerhand Neuem zurechtkommen. Meine Mutter beobachtete meine Verwandlung mit Argusaugen, und meinem erwachenden Willen begegnete sie mit großer Strenge. Ich machte mir unendlich viele Gedanken, und auch die Frage nach meiner Herkunft stellte sich mir zunehmend in neuem Licht.

In der Schule fiel auf, dass ich schlecht sah, und so erhielt ich eine Brille. ›Wie wäre das gewesen‹, überlegte ich mir, ›wenn ich in Indien in einer armen Familie aufgewachsen wäre? Dann gäbe es sicherlich keine Brille für mich. Würde ich dann halb blind durch die Welt laufen?‹ Dieselbe Frage stellte ich mir, als es darum ging, ob ich eine Zahnspange bekommen sollte. In Indien wäre das nicht möglich, hieß es, da wachsen die Zähne eben, wie sie kommen. Man erwartete Dankbarkeit von mir. Und ich war ja auch dankbar. Dennoch lastete diese unausgesprochene Spannung, die zwischen mir und meiner Mutter existierte, auf mir und machte mir das Atmen schwer. Musste ich erst noch beweisen, dass ich das große Glück, von einem deutschen Ehepaar adoptiert worden zu sein, auch verdiente? Immer wieder betonten meine Eltern, wie viel ich jener Ordensschwester verdankte, die mir quasi das Leben gerettet und dafür gesorgt habe, dass es mir heute so gut gehe. Hatte ich jetzt nicht die Verpflichtung, all die Möglichkeiten, die diese Familie mir bot, auch optimal zu nutzen? Musste ich nun all das tun, was meiner Adoptivmutter nicht möglich gewesen war?

Mein Abschlusszeugnis in der Grundschule erlaubte es mir mühelos, aufs Gymnasium zu wechseln. Der Übergang fiel mir trotzdem nicht leicht, ich musste mich in eine neue Klasse eingliedern, neue Freunde finden und mich an die Fächer und die Lehrer gewöhnen. Meine Mutter musste es mir nicht erst sagen, es war völlig klar, dass ich mich hier zu beweisen hatte.

Zu meinem Entsetzen schrieb ich in unserer allerersten Klassenarbeit in Mathe prompt eine Fünf. Wir mussten damals alle Klassenarbeiten von unseren Eltern unterschreiben lassen, und so konnte ich diese Note unmöglich an meiner Mutter vorbeimogeln.

Es war eine entsetzliche Erfahrung. Meine Mutter schrie und tobte, und ich fühlte mich, als hätte ich ein Verbrechen begangen. Ich saß völlig verängstigt neben meinem Vater auf dem Sofa. Mein Vater wollte mich trösten, doch meine Mutter veranstaltete ein Riesentheater.

Immer, wenn sie besonders wütend war, sprach sie von mir in der dritten Person und sagte mir Berufe voraus, die für sie ein Scheitern auf ganzer Linie bedeuteten.

Natürlich war es auch aufregend, sich im neuen Klassenverband zurechtzufinden. Ich freundete mich mit einem Mädchen an und lud sie zu uns nach Hause ein. Aus Versehen verschüttete sie beim Einschenken Orangensaft. Zu meinem großen Entsetzen machte meine Mutter ein unglaubliches Theater, sie schimpfte meine neue Freundin regelrecht aus. Dabei lag gar keine Tischdecke auf dem Tisch, und ich hatte mich beeilt, den Saft sofort wieder aufzuwischen, damit keine Flecken auf der Tischplatte zurückbleiben würden. Warum nur machte meine Mutter so einen Aufstand wegen einer derartigen Kleinigkeit? Mir war dieser Vorfall entsetzlich peinlich. Meine Freundin wollte danach auch nie wieder zu mir nach Hause kommen. Und einige Monate später hatte sie auf einmal eine andere Freundin und – wie Mädchen in diesem Alter nun mal sind – ließ mich von da an links liegen.

Ich war unglaublich traurig und enttäuscht. Mit elf sind solche Dinge wahre Dramen, und meine Niedergeschlagenheit konnte ich kaum verbergen. Natürlich bemerkte auch meine Mutter, dass etwas mit mir nicht stimmte, und fragte mich, was ich denn hätte. Ich wusste inzwischen längst, dass es klüger war, meiner Mutter nicht allzu viel von meinen Gefühlen zu erzählen, denn am Ende verwendete sie das, was ich ihr anvertraute, oft gegen mich. Doch immer wieder wurde ich schwach, so auch dieses Mal. Ich erzählte ihr, dass meine Freundin mich fallen gelassen habe wie eine heiße Kartoffel und jetzt immer mit einem anderen Mädchen zusammen sei.

»Ach«, sagte sie leichthin, »war das nicht die, die den Saft verschüttet hat? Das war doch eh eine Blöde. Und sicherlich bist du sowieso selbst daran schuld, dass sie nicht mehr mit dir befreundet sein will. Wahrscheinlich warst du hässlich zu ihr.«

Dass ich ehrlich traurig war, schien sie nicht zu interessieren.

Auch meine anderen Freunde behandelte meine Mutter oft schnippisch, und so war es kein Wunder, dass diese mich immer seltener und, wie ich den Eindruck hatte, nur ungern besuchen kamen.

Mein Vater war viel gelassener als meine Mutter, zu ihm hatte ich ohnehin ein entspannteres Verhältnis. Als Berufsschullehrer kam er immer schon nachmittags nach Hause, und manchmal half er mir bei den Hausaufgaben, vor allem in Mathe und Physik, und nach und nach verbesserten sich meine Noten. Am Ende der sechsten Klasse erhielt ich ein ganz passables Zeugnis mit Zweiern und Dreiern.

»Komm«, sagten meine Freunde nach der Zeugnisvergabe, »heute Nachmittag treffen wir uns in der Eisdiele und feiern!«

»Das darf ich eh nicht«, antwortete ich traurig. »Meine Mutter erlaubt mir das nie.«

»Ach was«, meinte eine Freundin, »wir kommen und holen dich ab, dann wird sie nicht Nein sagen.«

Ich war da skeptisch. Und als es an der Tür läutete, setzte ich mich auf die Treppe, um zu hören, was meine Mutter sagte.

»Nein«, sagte meine Mutter kalt, »Anisha hat keinen Grund zum Feiern. Ihr Zeugnis ist miserabel. Ihr könnt jetzt gehen.«

Ich war nicht wirklich überrascht, und dennoch verletzten mich ihre Worte tief. Ich ging in mein Zimmer und weinte bitterlich. Wie sollte ich Freundschaften aufbauen, wenn meine Mutter sich so verhielt? Damals aber richtete sich meine Enttäuschung nur gegen mich selbst. Auch als meine Freundin sich eine andere beste Freundin suchte und mich fallen ließ, gab es diese leise, hartnäckige Stimme in mir, die sagte: »Da ist was dran bei dem, was deine Mutter sagt. Du hast eben mal wieder nicht genügt. Bestimmt liegt es an dir.«

So begann ich, an mir selbst zu zweifeln. Das fing im Alter von sechs Jahren an und ging immer so weiter. Wie soll man da ein Selbstbewusstsein aufbauen? Wenn die Situation zwischen uns wieder einmal eskaliert war, dann ging mir das, was zwischen uns gesagt worden war, Hunderte von Malen durch den Kopf, und jedes Wort, das ich gesagt hatte, legte ich auf die Waagschale. ›Hätte ich das nur nicht gesagt‹, dachte ich, ›dann wäre es vielleicht nicht so schlimm gekommen und wir hätten uns nicht derart gestritten.‹ In diesen Stunden fühlte ich mich entsetzlich einsam und verlassen, die harten Worte meiner Mutter schmerzten mich, sie brannten in mir und quälten mich so sehr, dass ich eines Tages etwas zu tun begann, für das ich mich selbst schämte: ich begann, mir mit einem Messer selbst in die Haut zu ritzen. Warum ich das tat, wusste ich damals selbst nicht so genau. Es war, als würde der brennende Schmerz, den ich in mir trug, erträglicher, wenn ich physische Schmerzen fühlte, so als müsste ich mich körperlich spüren, um nicht das diffuse und beängstigende Gefühl zu haben, mich selbst zu verlieren, mich unter den harten Augen meiner Mutter aufzulösen. Ich hatte Angst, eines Morgens aufzuwachen und einfach nicht mehr da zu sein.

Früher, ja, da war ich süß und wurde geliebt. Jetzt aber war nichts mehr an mir richtig. So, wie ich war, durfte ich nicht sein. Das machte mich unendlich traurig. Ich wusste damals noch nicht, was ich inzwischen erkannt habe: Unglücklich wird man durch unglückliche Gedanken. Und Glücklichsein erfordert Gedanken loszulassen, die uns unglücklich machen, denn sie lähmen uns und machen es uns unmöglich, stark zu sein und voranzuschreiten.

Von klein auf hatte ich gelernt, kompliziert zu denken. Nicht das, was ich dachte und empfand, war wichtig, sondern das, was meine Mutter darin sehen würde. Darum musste ich immer versuchen, die Dinge durch die Brille meiner Mutter zu betrachten. Was wird sie zu diesem sagen und was zu jenem? Soll ich ihr erzählen, was ich erlebt habe, oder doch lieber nicht? Wenn ich das tue, dann versteht sie es vielleicht so, also lasse ich es lieber. Dieses komplizierte Denken machte mich traurig, unspontan und unter meinen Klassenkameraden in gewisser Weise zur Außenseiterin. – Ja, durch unglückliche Gedanken wird man unglücklich.

Ich sprach damals ohnehin so gut wie nie mit anderen über die Probleme, die ich mit meiner Mutter hatte. Ich weinte mich in den Schlaf und ging mit einem lachenden Gesicht zur Schule. Wenn mich jemand fragte, ob ich Schwierigkeiten mit meiner Mutter hätte, dann verneinte ich das nicht. Aber wie tief mich unsere Auseinandersetzungen verletzten und dass ich mich seit Jahren ungeliebt fühlte, darüber sprach ich nie wirklich mit jemandem. So isolierte ich mich immer mehr von den Menschen in meiner Umgebung, und der Schmerz über dieses Abgeschnittensein von allen anderen, diese abgrundtiefe Einsamkeit, brennt bis heute tief in meiner Seele, wenn ich an jene Zeit zurückdenke.

Wenn ich doch einmal den Mut fand, die Kluft zu überwinden und jemandem erzählte, was bei mir zu Hause geschah, dann starrte mich mein Gegenüber an, als käme ich von einem anderen Stern. Im besten Fall wurde angenommen, ich würde übertreiben. So wie damals, als ich wegen einer dieser sinnlosen Auseinandersetzungen mit meiner Mutter zu spät in den Chemieunterricht kam.

An jenem Morgen war ich im Bad gerade dabei, mir die Kontaktlinsen einzusetzen, als meine Mutter hereingestürmt kam und mir unterstellte, dass ich ihre Sachen benutzt hätte.

»Nein, habe ich nicht«, sagte ich genervt, »ich benutze deine Sachen nicht.«

Wieder gab ein Wort das andere, und am Ende rauschte ich davon zur S-Bahn. Durch das ganze Theater hatte ich Zeit verloren und kam zu spät in den Chemieunterricht – ein Fach, in dem ich ohnehin gerade Probleme hatte. Als ich in den Chemiesaal trat, fragte mein Lehrer: »Warum kommst du zu spät?«

Ich berichtete ihm von der Unterstellung meiner Mutter. Das war eines der wenigen Male, bei dem ich die Wahrheit über das erzählte, was bei mir zu Hause los war. Und prompt wurde mir nicht geglaubt. Der Chemielehrer stutzte für einen kurzen Moment, dann sagte er belustigt: »Na, da wird deine Mutter schon einen Grund gehabt haben.«

›Das ist mal wieder typisch‹, dachte ich, ›wer nimmt ein junges Mädchen schon ernst.‹

Ich hörte irgendwann von alleine wieder mit dem Ritzen auf, denn mir war eigentlich klar, wie bescheuert das war. Auch während ich es tat, stand ein Teil von mir wie neben mir und sagte: »Ach, Nisha, was machst du denn da für einen Blödsinn?!« Ich schämte mich für das, was ich tat, und irgendwann war ich stark genug, um damit aufzuhören. Was aber blieb, das waren die Anfälle tiefer Niedergeschlagenheit. Seit ich denken kann, überfiel mich immer wieder eine abgrundtiefe Traurigkeit, von einem Moment auf den anderen, wie eine schwarze Wolke, die mich einhüllte und mir jede Freude nahm. Ich stand morgens auf und war fröhlich – und dann war sie plötzlich wieder da, diese Wolke, und alles um mich herum färbte sich grau. Ich hatte damals keine Worte für meine Traurigkeit, ich wusste nicht, dass man diesen Zustand Depression nennt. Ich war ganz allein mit dieser Traurigkeit, allein in einem Universum von hellhäutigen, blonden Menschen, von denen ich annahm, dass ihnen alles gelang, und wenn doch mal etwas schiefging, dann war es auch nicht weiter tragisch. Ich war umgeben von Menschen, die eine Zuversicht ausstrahlten, von der ich nicht einmal träumen konnte. Ich wuchs heran und mir wurde bewusst, dass ich mich immer weiter von diesem süßen kleinen Baby entfernte, das ich einmal gewesen war, dass ich nie wieder zurückkehren könnte zu diesem Zustand. Nie wieder wäre ich liebenswert, einfach nur, weil ich da war, süß und exotisch. Früher als meine Mitschülerinnen wuchs ich zur Frau heran und bekam weibliche Körperformen, was mich hochgradig verwirrte, während meine Körpergröße bei 1,59 Meter stagnierte und mich damit zu einer der kleinsten Schülerinnen der ganzen Jahrgangsstufe machte. Und je älter ich wurde, desto mehr fühlte ich mich von meiner Mutter nicht akzeptiert.

Ich war ungefähr zwölf Jahre alt, als mir langsam klar wurde, dass ich es meiner Mutter auf keinen Fall recht machen konnte, so sehr ich mich auch bemühte. Es hatte keinen Sinn, sich um ihre Anerkennung zu bemühen, und darum begann ich mich zur Wehr zu setzen, wenn ich mich wieder einmal zu Unrecht beschuldigt fühlte, wenn sie mich in die Ecke drängen und auf mir herumhacken wollte. Die Folge waren fürchterliche Auseinandersetzungen, die wir beide lautstark austrugen. Mein Vater, ein ruhiger, friedliebender Mensch, war damit vollkommen überfordert. Ich erinnere mich an einen Krach, bei dem es wie immer um irgendwelche Nichtigkeiten ging. Mein Vater saß hilflos auf dem Klavierhocker und sagte: »Kann man das nicht in einem Gespräch lösen?«

Nein, das konnten wir nicht, und erst später habe ich begriffen, warum. Weil es nicht um das teure Shampoo ging und auch nicht darum, ob mein Zimmer aufgeräumt war oder nicht, es ging nicht um die Kosmetika meiner Mutter, die mir untersagt waren, und auch nicht um andere dieser Kleinigkeiten. Es ging um etwas ganz anderes, um etwas viel Tieferes, Verborgenes, es ging dabei um meine bloße Existenz, mein Ich-Sein, mein Da-Sein, mein So-Sein, wie ich nun einmal war, und weil ich das fühlte, stritt ich mich umso verbissener und entschlossener mit meiner Mutter, ja, mehrmals war ich nach einem solchen Streit am nächsten Tag stockheiser und brachte kein Wort mehr heraus.

Fast jeden Abend weinte ich mich in den Schlaf, sodass meine Augen am nächsten Morgen verquollen waren. Ich war in diesen Nächten derart verzweifelt, dass ich meinen Kopf in das Kissen schlug und mir die Haare derart zerraufte, dass ich Kopfschmerzen bekam. Dabei sagte ich mir, dass das alles eines Tages vorüber sein würde, denn irgendwann würde ich diesen Ort verlassen können. Ich betete in diesen Nächten, bat Gott inständig darum, mir die Kraft zu schenken, diese schreckliche Ungerechtigkeit, der ich tagtäglich ausgesetzt war, zu ertragen. Mein

Glaube gab mir die Kraft und innere Gewissheit, dass es irgendwann vorbei sein würde und ich trotz der Schäden, die ich davontragen würde und deren Ausmaße mir damals natürlich noch nicht ansatzweise bewusst waren, an Stärke gewinnen würde, wenn ich nur jetzt standhaft genug wäre und die Situation ertrug. Immer wieder sagte ich mir: ›Irgendwann ist das alles vorbei, irgendwann bin ich erlöst.‹ Dass ich mich irgendwann selbst erlösen musste, das war mir in diesem Alter noch nicht klar.

So lebten wir dahin, ständig in Erwartung neuer Auseinandersetzungen. Mein Vater aber, völlig überfordert von dem Krieg, der zwischen meiner Mutter und mir entbrannt war, zog sich immer mehr zurück. Er überließ das Schlachtfeld mir und der Frau, die mir nie das Gefühl gegeben hat, eine echte Mutter zu haben. Umso größer wuchs mein Wunsch herauszufinden, wer meine wirkliche Mutter war, ob sie noch lebte, und wenn ja, wo.

Das Baby Girl mit den Rosen

Alles hatte damit angefangen, dass meine Eltern sich ein Kind wünschten, aber keines bekommen konnten. Im Jahr 1990 entschlossen sie sich schließlich dazu, ein Kind aus der sogenannten Dritten Welt zu adoptieren. Zum einen war dies in der 68er-Generation, zu der meine Eltern gehörten, ziemlich populär, denn nach dem Vietnamkrieg sah man im Fernsehen verstärkt verstümmelte, kranke und verwaiste Kinder, die Bilder gingen um die Welt. Zum anderen fühlte sich besonders mein Vater durch seine Reisen in fremde Länder zu anderen Kulturen hingezogen. Man war der Überzeugung, etwas Gutes zu tun, wenn man einem armen Kind ein Zuhause bot, in dem es ihm an nichts fehlte.

Ein weiterer Grund, der für eine Auslandsadoption sprach, war, dass meine Eltern für die Adoption eines deutschen Kindes mit ihren rund vierzig Jahren schon zu alt waren. Anders gesagt: Man hätte ihnen wegen ihres Alters in Deutschland kein Baby vermittelt, sondern ein Kind, das schon sechs oder sieben Jahre alt gewesen wäre. Aber natürlich wünschten sich meine Eltern, wie so viele andere Paare auch, ein ganz kleines Kind, in der Hoffnung, dass es sich besser in ihrer Welt einleben würde.

Meine Eltern erkundigten sich deshalb, was sie für eine Auslandsadoption tun müssten. Die Organisation Terres des Hommes hatte ihre Adoptionsvermittlungen aus dem Ausland damals gerade eingestellt. Als Nächstes versuchten sie es mit Pro Infante, fühlten sich dort aber nicht wohl. So beschlossen sie, selbst die Initiative zu ergreifen, und mein Vater schrieb im Juni und Juli des Jahre 1990 insgesamt fünfunddreißig Briefe an kirchliche Stellen und Kinderheime mit der Frage, ob man ihnen dort weiterhelfen könne.

Sie erhielten entweder keine oder abschlägige Antworten. Die Botschaft von Bangladesch schrieb ihnen gar: »Wir geben unsere Kinder nicht her.« Es sah also eine ganze Zeit lang so aus, als würde auch dies zu nichts führen und sie nicht weiterbringen.

Eines Tages gab ein Pater aus Nürnberg meinem Vater schließlich die Adresse eines indischen Kollegen. Am 29. Juli 1990 schrieben meine Eltern einen Brief an jenen Jesuitenpater in Südindien, in dem sie ihm ihre Situation schilderten und ihn um Hilfe bei der Adoption eines indischen Kindes baten. Meine Mutter erzählte mir später, sie habe in dieser Zeit inständig zur Jungfrau Maria gebetet, sie möge ihnen dabei helfen, das richtige Kind zu finden, und mir gefiel dieser Gedanke. Wieder verging viel Zeit und vermutlich hatten sie die Hoffnung, jemals wieder von diesem Pater zu hören, längst aufgegeben, denn sie informierten sich in der Zwischenzeit auch über die Möglichkeiten zur Adoption eines Kindes aus Brasilien. Sie beantragten sogar eine Home Study für eine solche Adoption und hatten diese auch gerade erhalten, als sie Monate später doch noch Nachricht aus Indien erhielten. Der südindische Pater schrieb am 3. Oktober 1990: »Bald nachdem ich Ihren Brief vom 29. Juli 1990 erhielt, sprach ich mit Schwester Teresa Maria J.M.J., die versprach, Ihnen zu helfen. Sie hat schon einmal ein Mädchen zur Adoption zu einem Ehepaar nach Deutschland geschickt. Sie hat mich jetzt darüber informiert, dass sie ein Baby Girl zur Adoption hat. Sie würde sich freuen, wenn Sie ihr schreiben würden, um weitere Details zu besprechen.« Und er nannte ihnen die Adresse und Telefonnummer von Schwester Teresa. Als der Pater diese Worte schrieb, war ich gerade fünf Tage alt.

Meine Eltern waren völlig aus dem Häuschen vor Freude. Da gab es also ein Baby Girl in Indien, das auf sie wartete. Doch wie sollten sie die Formalitäten einer Auslandsadoption bewältigen? Sie hatten keine Ahnung, welche Schritte sie als Nächstes unternehmen mussten. Der Pater hatte ihnen geschrieben, Schwester Teresa Maria sei über alles gut informiert und könne meinen Eltern die Adressen der zuständigen Stellen in Deutschland und Indien nennen. Also telefonierten sie mit dem fernen Hyderabad, doch die Leitung war miserabel, und wenn sie Teresas Stimme hören konnten, dann hatten sie größte Probleme, ihr indisches Englisch zu verstehen. Sie erfuhren, dass das Baby Anisha hieß, doch was sie als Nächstes unternehmen mussten, verstanden sie nicht. Schließlich gab Teresa ihnen die Telefonnummer eines deutschen Ehepaars, das gerade dabei war, ein Kind aus Schwester Teresas Obhut zu adoptieren.

Es stellte sich heraus, dass das Ehepaar erst vor Kurzem mit ihrer neuen Adoptivtochter aus Indien zurückgekehrt war. Ende Oktober 1990 besuchten meine Eltern die Familie in Jülich und erfuhren, dass sie Baby Anisha in Hyderabad gesehen hatten. Sie hatten sogar ein Foto von ihr gemacht, das sie meinen Eltern gaben. Und natürlich konnten sie meinen Eltern genau erzählen, welche bürokratischen Schritte sie hinter sich gebracht hatten, um ihr Kind – ebenfalls ein Mädchen – nach Deutschland holen zu können.

Meine Eltern hatten, genauso wie die Familie vor ihnen, einen außergewöhnlichen Weg eingeschlagen, um ein ausländisches Kind zu adoptieren. Normalerweise vermittelt eine international operierende Organisation das Kind und leitet auch alle bürokratischen Schritte in die Wege, die nötig sind, um das Kind zum einen nach Deutschland holen zu können und es zum anderen formal adoptieren zu können. In meinem Fall war es anders: Meine Eltern hatten mich über private Kontakte gefunden – über den Nürnberger Pater, der wiederum den Pater in Indien kannte und der seinerseits mit Schwester Teresa bekannt war. Nun brauchten sie eine offizielle Stelle, mit deren Hilfe sie die Formalitäten abwickeln konnten. Dafür wandten sie sich an den Internationalen Sozialdienst.

Und nun begann ein wahrer Papierkrieg mit den Behörden. Wenn ich mir heute von meinem Vater erzählen lasse, was alles nötig war, um mich nach Deutschland zu holen, dann muss ich die Energie und Beharrlichkeit meiner Eltern bewundern. Zunächst musste beim Jugendamt die Home Study meiner Eltern, die für eine brasilianische Adoption galt, für eine indische umgeschrieben werden. Allein das dauerte zwei Monate. Für die Beglaubigung der Home Study benötigte der zuständige Beamte weitere sieben Wochen. Zudem brauchte es eine Bescheinigung vom Jugendamt für den Antrag auf mein Einreisevisum nach Deutschland. Dabei bereitete es erhebliche Schwierigkeiten, dass man von mir nur den Vornamen kannte, aber nicht den Nachnamen. Meine Eltern gingen damals fest davon aus, dass ich ein Findelkind sei, und Findelkinder haben nun einmal keine Nachnamen. Der zuständige Beamte allerdings hatte nun ein Problem, blieb doch auf den Formularen eine wichtige Spalte frei. Erst, als er auf die Idee kam, einfach auch in der Rubrik »Nachname« Anisha einzutragen, konnte die Sache weitergehen. So hieß ich vorläufig auf dem Papier Anisha Anisha. Endlich, am 11. April 1991, hatten meine Adoptiveltern alle Unterlagen beisammen.

Dann begann das große Warten und Bangen. Über den Internationalen Sozialdienst wurden die Unterlagen meiner Eltern nach Indien geschickt, denn die indischen Behörden mussten einer Adoption zustimmen. Weitere Wochen und Monate gingen ins Land, ohne dass etwas geschah. Inzwischen schickte Schwester Teresa meinen Eltern regelmäßig Briefe, in denen sie berichtete, wie sich Baby Anisha entwickelte und wie sehr sie sich danach sehne, ihre deutschen Eltern kennenzulernen. Hin und wieder legte sie auch ein Foto bei, und die Sehnsucht meiner Eltern, mich endlich in die Arme schließen zu können, wuchs ins Unermessliche. Auf einem dieser Bilder bin ich beim Durchblättern eines Kalenders zu sehen, und Schwester Teresa schrieb dazu: »Baby Anisha zählt die Tage, bis ihre deutschen Adoptiveltern sie endlich zu sich holen.« Kein Wunder, dass meine Eltern, als es Sommer wurde und die Ferien heranrückten, ohne dass die indischen Behörden sich gemeldet hatten, einen Entschluss fassten. Sie reservierten Tickets für einen Flug nach Indien, denn sie hofften, die Sache vor Ort besser vorantreiben zu können. Am 17. August 1991 landeten sie in Hyderabad mit der festen Absicht, nicht ohne mich zurückzukehren.

Oft erzählten mir meine Eltern ein Geschehnis, das sie zutiefst berührte und dafür sorgte, dass sie mich auf der Stelle fest in ihr Herz schlossen: Am Flughafen von Hyderabad wurden sie bereits von Schwester Teresa und einer Menge anderer Leute in ihrem Gefolge erwartet. Schwester Teresa hielt mich auf ihrem Arm, ein paar halb verblühte Rosen in der Hand, die ich meinen späteren Adoptiveltern strahlend entgegenhielt. Nach einer Weile stellte mich Schwester Teresa auf meine Beinchen, und ich lief barfuß ganz unbefangen zwischen all diesen Menschen am Flughafen herum. Dieses Bild, wie ich ihnen die Rose entgegenhielt, grub sich meinen Eltern als kostbare Erinnerung ins Herz, und immer wieder erzählten sie diese Episode, die sie als schicksalhaft empfanden.

Wie zwiespältig diese Szene jedoch war, wie manipulativ die Schwester im Grunde vorging, das wurde auch mir erst Jahre später bewusst. Teresa konnte zu diesem Zeitpunkt beim besten Willen noch nicht gewusst haben, ob meine Eltern mich tatsächlich würden adoptieren können. Auf diese Weise aber hatte sie das deutsche Ehepaar geködert – die beiden wollten nun alles dafür tun, um das süße indische Baby mit nach Hause nehmen zu dürfen. Mein Vater konnte damals noch am ehesten eine gewisse innere Distanz wahren – meine Mutter aber war dazu nicht in der Lage.

Doch selbst mein eher zurückhaltender Vater erzählte mir von einem emotionalen Schlüsselerlebnis, das stark auf ihn wirkte: Eines Abends auf der Dachterrasse des St. Theresa's Hospital, wo ich bei den Schwestern lebte, hatte er mich auf dem Arm, als gerade die Sonne unterging. Ihre letzten Strahlen tauchten alles in ein goldoranges Licht, die Früchte und Blüten der Bäume im Park rund um das Krankenhaus dufteten stark, meine Locken fielen ihm über den Arm, und ich schlief friedlich ein.

›Ja‹, dachte er in diesem Augenblick, ›das ist mein Kind‹.

Schwester Teresa hatte für alles gesorgt und brachte meine Eltern in einem Doppelzimmer im Krankenhaus unter, das sie für sie frei gehalten und hergerichtet hatte. So konnten sie die ganze Zeit mit mir zusammen sein und nebenher verschiedene Ämter und Behörden aufsuchen, um das Adoptionsverfahren zu beschleunigen.

Meine Mutter ist sehr gläubig, katholisch wie Schwester Teresa, und sie war erstaunt zu sehen, wie sehr die Schwester dennoch dem indischen Kastendenken verhaftet war. So fasste mich Teresa nur ungern an, offenbar nur für offizielle Fotos, für alles andere gab es verschiedene Kinderkrankenschwestern aus niederen Kasten. Ich habe noch heute ein Foto von einer dieser Frauen, die sich um mich kümmerten. Schwester Teresa selbst gab mir meinen Namen: Anisha bedeutet Morgenröte, und ich liebe meinen Namen sehr.

Ich war ein ziemlich properes Kind, denn man fütterte mich ordentlich heraus. Oft riss man mich aus dem Schlaf, so erzählte es mir meine Adoptivmutter später, und stopfte mich mit gekochten Eiern voll. Das hielten die Pflegerinnen für gesund – die Folge ist, dass ich Eier bis heute nicht leiden kann.

Schwester Teresa erzählte meiner Mutter, dass meine leibliche Mutter bereits zwei Töchter habe und ins Hospital gekommen sei, um mich abtreiben zu lassen. Teresa aber habe sie davon überzeugen können, das Kind zur Welt zu bringen und abzuwarten, ob es nicht doch ein Junge würde. Im schlimmsten Fall, hatte sie meiner Mutter angeboten, könne sie das Kind bei ihr abgeben.

Jener »schlimmste Fall« trat ein, ich war ein Mädchen. Und darum konnte und wollte meine Mutter mich nicht behalten. Diese Geschichte ging meiner Adoptivmutter zu Herzen. Außerdem passte sie gut in das Bild, das sie sich durch die im Westen vorherrschenden Medienberichte von Indien gemacht hatte: dass Frauen in dieser Gesellschaft nichts wert seien. Heute weiß ich, dass das nur zum Teil stimmt. Die Wahrheit ist weitaus komplizierter, als es dieses Schwarz-Weiß-Bild einer kulturell sehr durchmischten Gesellschaft vermuten lässt. Ich habe mich später mit eigenen Augen davon überzeugen können, wie selbstbewusst und anerkannt indische Frauen auch in den ärmeren Kasten leben und dass sie nicht selten für den Lebensunterhalt der ganzen Familie sorgen. Diese multiethnische Gesellschaft mit ihren rund 1,2 Milliarden Einwohnern unterschiedlichen Glaubens lässt sich eben nicht einfach so über einen Kamm scheren.

Damals allerdings glaubten meine Eltern Schwester Teresa ihre Geschichte aufs Wort, denn sie passte zu den

Vorurteilen, die sie von der indischen Gesellschaft hatten. Und natürlich wollten sie nicht nur Zeit mit mir verbringen, sie wünschten sich, mich ganz offiziell zu ihrer Tochter zu machen. Darum standen zahlreiche Behördengänge auf ihrer Agenda, und es war durchaus nicht gewiss, ob alles während der zweieinhalb Wochen, die sie zur Verfügung hatten, klappen würde. »Wenn nicht«, sagte mein Vater zu meiner Mutter, »dann bleibst du hier und machst weiter, und ich fliege allein zurück und gehe wieder zur Arbeit.« So entschlossen waren meine Eltern, nicht unverrichteter Dinge zurückzukehren.

Zunächst besuchten meine Eltern in Begleitung von Schwester Teresa das Jugendamt, wo diese sie als meine zukünftigen Eltern vorstellte. Bereits bei diesem Besuch bemerkten meine Eltern, dass Schwester Teresa eine Autorität sein musste, dass man sie kannte und ihr zuhörte. Kurzum: mit der Schwester an ihrer Seite ging alles viel leichter und schneller vonstatten als ohne sie. Noch am selben Tag fuhren sie gemeinsam mit einer Dame vom Jugendamt zum Gericht, um dort die nötigen Unterlagen zu erhalten. Der Richter empfing an diesem Tag allerdings keine Mandanten. Doch Schwester Teresas Kontakte waren ausgezeichnet, und als ein paar Tage lang gar nichts voranging, fuhr sie mit meinen zukünftigen Eltern zum zuständigen Minister, mit dem sie offensichtlich gut befreundet war. Von ihm erhielten sie ein Schreiben, das die Sache beschleunigen sollte, und tatsächlich waren sechs Tage später die Papiere fertig.

Erst Jahre später sah sich mein Vater dieses Schreiben, das ihnen die Vormundschaft für mich übertrug, genauer an. Und erstaunt musste er feststellen, dass das Dokument viel früher datiert ist, nämlich auf den Tag nach ihrer Ankunft in Hyderabad. Warum also mussten sie so lange warten und all die Stellen aufsuchen, gar den Minister bemühen, wo die Sache doch eigentlich längst erledigt war? Damals aber waren meine Eltern einfach nur froh, die bürokratischen Hürden in Indien genommen zu haben, und mit mir nach Deutschland ausreisen zu können. Denn erst in Deutschland konnten sie die Adoption in die Wege leiten. Dafür benötigten sie für mich allerdings noch einen Pass und ein Einreisevisum der Deutschen Botschaft in Delhi. Den Pass erhielten sie bereits am folgenden Tag. Und dann flogen sie gemeinsam mit mir und Schwester Teresa nach Delhi, wo sie bei Bekannten von Schwester Teresa unterkamen. In Delhi sprachen sie bei der Deutschen Botschaft vor und erhielten tatsächlich innerhalb einer Stunde mein Einreisevisum für Deutschland.

Meine Eltern hatten es also endlich geschafft. Fast ein Jahr nachdem sie erfahren hatten, dass es mich gibt, hielten sie alle notwendigen Dokumente in ihren Händen, um mich nach Deutschland mitnehmen zu können. Und nun verabschiedete sich Schwester Teresa von meinen Eltern und mir mit den Worten: »Ich ziehe mich jetzt aus Anishas Leben zurück. Ein schneller Abschied ist besser als ein langsamer.« All das beschrieben mir meine Eltern später als so angenehm und rücksichtsvoll, dass sie nicht den kleinsten Zweifel an der Menschenfreundlichkeit und den lauteren Absichten dieser Frau gehegt hätten.

Am 3. September 1991, knapp vier Wochen vor meinem ersten Geburtstag, landeten meine Eltern mit mir in München-Riem. Schwester Teresa verlangte von meinen Eltern kein Geld als Gegenleistung für das Kind, das sie ihnen vermittelt hatte. Die beiden hatten aus eigenem Antrieb einen Koffer voll mit Babypflegeprodukten mitgebracht, in dem Glauben, ich befände mich in einer Art Waisenhaus. Aber es gab kein Kinderheim, und außer mir auch keine anderen Kinder.

Vor ihrer Reise nach Indien hatte Schwester Teresa meinem Vater in einem Brief berichtet, dass an einem Fahrzeug des Krankenhauses ein Rücklicht defekt sei, und er hatte daraufhin das passende Ersatzteil besorgt und vor Ort eingebaut. Später, als sie bereits wieder in Deutschland waren, wurden meine Eltern von Schwester Teresa gebeten, bei einer Medikamentenlieferung auszuhelfen und einem befreundeten Pater für diesen Zweck 300 Euro als Spende zukommen zu lassen. Auch das taten meine Eltern gern. Mehr noch: sie rechneten aus, was es ungefähr gekostet haben musste, mich ein knappes Jahr zu versorgen, dazu rechneten sie die Kosten, die sie gehabt hätten, wären sie während ihres Aufenthaltes in Hyderabad in einem Mittelklasse-Hotel untergekommen statt im Krankenhaus, und rundeten diese Summe großzügig auf. Sie betrachteten das als eine Art Aufwandsentschädigung für die Schwester und das Krankenhaus und spendeten das Geld gerne.

»Für sie war es ein Akt der Nächstenliebe, dich aufzunehmen und an uns weiterzuvermitteln«, sagte meine Adoptivmutter später immer wieder. »Sie wollte nie Geld von uns. Deshalb können ihre Absichten nur gut gewesen sein.«

Es gab aber einen Vorfall, der meine Adoptiveltern meiner Meinung nach zumindest hätte aufhorchen lassen müssen. Sie hatten einen Buggy für mich besorgt und fuhren während ihrer Zeit im St. Theresa's Hospital gerne mit mir im Park spazieren. Einmal verließen sie das Krankenhausgelände und schoben mich ein Stück weit die Straße entlang. Als Schwester Teresa davon erfuhr, wies sie meine Eltern an, solche Ausflüge in Zukunft zu unterlassen. Es sei besser, sie blieben mit mir auf dem Gelände des Krankenhauses, das, ähnlich einer Gefängnisanlage, mit hohen Gittern gesichert war. Und falls sie der leiblichen Mutter des Kindes, die hin und wieder am Tor Einlass begehre, begegneten, sollten sie ihr auf keinen Fall Beachtung schenken. »Mutter bleibt eben Mutter«, sagte sie schulterzuckend, »manchmal ändern sie doch wieder ihre Meinung und wollen das Kind zurück.« Wäre es da nicht die Pflicht meiner Eltern gewesen, nachzufragen? Wenn dem tatsächlich so gewesen wäre, wenn also meine leibliche Mutter ihre Meinung geändert hätte, wäre sie dann nicht berechtigt gewesen, mich zurückzubekommen? Hätten meine Eltern, ehe sie mich für sich beanspruchten, der Sache nicht auf den Grund gehen müssen, statt sich mit mir auf dem hoch gesicherten Krankenhausgelände zu verstecken?

Auch den Vermerk in den offiziellen und von Schwester Teresa und einer Mitarbeiterin des Krankenhauses eidesstattlich unterzeichneten Dokumente für die Behörden, meine Mutter habe mich »ausgesetzt und zur Adoption freigegeben«, fanden sie weder widersprüchlich noch ließ er sie an der Geschichte zweifeln, die Schwester Teresa ihnen über die Beweggründe meiner leiblichen Mutter erzählt hatte. Ich denke, meine Eltern waren so vollkommen darauf fokussiert, mich endlich mit sich nehmen zu können, dass sie auf solch vermeintliche Kleinigkeiten nicht achteten. Vielleicht wollten sie in diesem Moment auch gar nicht darauf achten. Zudem bestanden sie nicht darauf, das von meiner leiblichen Mutter unterzeichnete Schreiben zu sehen, das mich offiziell zur Adoption freigab. Die kleine Nisha, wie mein Vater mich nannte, war in der Obhut der Ordensschwester, einer allseits geachteten Respektsperson, und das genügte ihnen. Als sie mit mir Indien verließen, waren sie fest davon überzeugt, mich einem traurigen Schicksal entrissen zu haben.

Nur wenige Dinge nahmen meine Eltern aus meiner indischen Vergangenheit für mich mit. Lediglich zwei Kinderkleidchen und zwei Armreifen aus Perlmutt, die mir die Krankenschwester, die sich am meisten um mich gekümmert hatte, zum Abschied geschenkt hatte. Viele Jahre lang trug ich sie, bis ich sie vor einigen Jahren leider verlor. Den Teddybär, den mir meine Adoptiveltern mitgebracht hatten, hielt ich fest, als ich zum ersten Mal deutschen Boden betrat. Ich habe ihn heute noch. Sein Name ist Teresa.

Zwölf Jahre später – der Weg zurück

Ich gewöhnte mich rasch in Deutschland ein, nur die Kälte des ersten Winters machte mir zu schaffen und verschlimmerte meinen Husten. Barfuß auf heißem Boden konnte ich hier nur selten gehen, hin und wieder im Sommer oder während eines Urlaubs in einem südlichen Land. Ich behielt keine bewussten Erinnerungen an Indien. Mein kleiner Körper aber hatte so manches gespeichert, zum Beispiel wie es sich anfühlt, auf heißem Stein zu gehen. Oder sich in einer Masse von Menschen nicht unwohl und beengt zu fühlen. Wie schön es ist, alle Farben der Erde immer um sich zu haben, ebenso wie das ständige Klingeln und Klimpern von Schmuck und Glöckchen. Und den wachsenden Wunsch, in das Land meiner Herkunft zurückzukehren.

Dass für meine Eltern der Papierkrieg erst so richtig losging, nachdem sie mich aus Indien nach Deutschland geholt hatten, davon ahnte ich damals natürlich nichts. Unermüdlich wanderte mein Vater vom Jugendamt zum Ausländeramt, von dort zum Vormundschaftsgericht und wieder zurück zum Jugendamt. Über die bürokratischen Hürden, die er überwinden musste, um mich endlich offiziell adoptieren zu können, schrieb mein Vater sogar eine kleine Satire in fünf Akten. Obwohl selbst Beamter, staunte er nicht schlecht über den Amtsschimmel, mit dem er sich konfrontiert sah. Das Ganze zog sich hin, und im Nachhinein muss ich meinen Vater trotz allem dafür bewundern, dass er all diese Hindernisse überwand, um mich zu seiner Tochter zu machen. Das Verfahren dauerte und dauerte und immer wieder brauchte es neue Aufenthaltsgenehmigungen für mich. Erst am 6. Oktober 1993, also mehr als zwei Jahre nachdem ich nach Deutschland gekommen war, war dieser Prozess abgeschlossen und ich offiziell die Adoptivtochter der Familie Mörtl.

Viele Jahre lang besuchten meine Eltern mit mir Treffen von anderen Adoptivkindern und ihren Familien. Uns allen war gemeinsam, dass Schwester Teresa uns nach Deutschland vermittelt hatte, und über die Jahre entstanden Freundschaften. Man verglich Erfahrungen, tauschte sich aus, einmal luden wir sogar Schwester Teresa zu einem Treffen ein, es gibt ein Foto von diesem Besuch, das mich mit fünf oder sechs Jahren zeigt. In diesem Kreis gehörte ich zu den Großen, denn ich war eines der ersten Kinder, die Teresa vermittelt hatte. Besonders gut erinnere ich mich an das Mädchen, das direkt vor mir aus Schwester Teresas Obhut adoptiert worden war und dessen Eltern meinen Eltern so wertvolle Ratschläge gegeben hatten. Sie war nur ein Jahr älter als ich, die meisten anderen Kinder waren viel jünger.

Als ich zwölf Jahre alt war, fasste ich mir ein Herz und fragte dieses Mädchen bei einem unserer jährlichen Treffen, ob sie sich nicht auch Gedanken über ihre Ursprungsfamilie mache. Und ob sie schon einmal daran gedacht habe, nach Indien zu fahren, um herauszufinden, wo sie eigentlich herkomme.

»Wo ich herkomme?«, fragte sie mich erstaunt. »Wieso soll ich das wissen wollen?«

Meine Frage überraschte sie so sehr, dass sie mehrmals den Kopf schüttelte.

»Das hier sind meine Eltern,« sagte sie und deutete auf ihre Adoptiveltern.

Da verstand ich, dass es nicht allen adoptierten Kindern so ging wie mir. Denn in mir wurde der Wunsch immer stärker, meine echte Mutter kennenzulernen und herauszufinden, ob es da vielleicht eine ganze Familie gab, zu der ich gehörte. Besonders meine zwei angeblichen Schwestern in Indien wurden in der Pubertätszeit immer interessanter für mich.

Zunächst wunderte ich mich darüber, dass dieses Mädchen nicht mehr über ihren eigenen Ursprung erfahren wollte. Doch im Verlauf des Nachmittags verstand ich mehr und mehr, warum das so war: Sie und ihre Adoptivmutter hatten ein wirklich inniges und vertrauensvolles Verhältnis. Dieses Mädchen hatte offenbar nicht nur materiell, sondern auch emotional alles, was sie brauchte. Ich dagegen sehnte mich nach Wärme und Geborgenheit und vielleicht war das der Grund, warum ich so oft an meine leibliche Mutter denken musste.

Später erst lernte ich, dass es zwei Arten von Adoptivkindern gibt. Die einen, die innerlich von Anfang an aufgewühlt und in gewisser Weise seelisch gefesselt sind und die irgendwann eine Identitätskrise durchleben. Und die anderen, die auf keinen Fall etwas über ihre Herkunft wissen wollen, die eine Begegnung mit der Vergangenheit unbedingt vermeiden wollen. Ich gehörte zur ersten Gruppe, ich wollte wissen, was damals geschehen war. Hinzu kam, dass ich nicht wusste, wie es sich anfühlt, eine richtige Mutter zu haben. Eine, die mich hin und wieder in den Arm nimmt oder mir eine warme Suppe kocht, wenn ich mal wieder einen schlimmen Hustenanfall hatte.

Wenn ich von der Schule nach Hause kam, stand kein Essen für mich bereit. Ich sollte mir selbst etwas aus dem

Kühlschrank holen, weil meine Mutter erst abends kochte, wenn auch mein Vater zu Hause war. Nach und nach gewöhnte ich mir an, bei einer Nachbarin zu essen, die mich herzlich zu sich einlud und mit deren Tochter ich befreundet war. Für sie war es selbstverständlich, dass ich mich einfach mit an den Tisch setzte, und sie war eine der wenigen, die ein bisschen mitbekamen, wie schlecht es zwischen meiner Adoptivmutter und mir lief. Diese Nachbarin arbeitete beim Jugendamt und fragte mich hin und wieder, wie es mir gehe. Doch auch ihr erzählte ich nicht die ganze Wahrheit, schützte meine Mutter und schämte mich unserer laut ausgetragenen Auseinandersetzungen, die wohl auch die Nachbarschaft immer wieder mitbekam. Am allerwenigsten erzählte ich, was mich am meisten schmerzte.

Meine Adoptivmutter hatte angefangen, unsensible Bemerkungen über meine Herkunft zu machen. Kein Wunder also, dass meine Gedanken immer öfter nach Indien wanderten. Nach und nach nahm der Plan, mehr über meine Wurzeln herauszufinden, Gestalt an. Auch für meine Eltern war immer klar gewesen, dass sie eines Tages mit mir nach Indien fahren würden. Für sie war es selbstverständlich, dass ich irgendwann einmal das Land besuchen wollen würde, aus dem ich stammte. Da sie wussten, dass meine leibliche Mutter noch lebte, war ebenfalls klar, dass ich früher oder später, »wenn ich einmal alt genug dafür« war, nach ihr suchen würde. Ich war gerade neun, als mein Vater in einem Brief an Schwester Teresa schrieb: »Der Tag wird kommen, an dem Anisha mehr über ihre Mutter wissen will. Wir haben keine Informationen über ihre Mutter und ihre Familie. In den Dokumenten ist kein Hinweis auf ihre Familie. Wir wissen, der Tag wird kommen, an dem sie uns Fragen stellen wird, und wir denken, wir haben die Verpflichtung, ihr zu antworten. Sie sind die einzige Person, die etwas über

ihre Mutter und ihre Familie weiß. Wir sind sicher, dass Anisha das schätzen wird, wenn sie in einem Alter sein wird, in dem es sehr, sehr wichtig ist, über ihre Herkunft und ihre Vorfahren Bescheid zu wissen. Wir kennen Adoptivkinder, die sehr durcheinander sind, weil sie keine Antworten bekommen können. Nur Sie können uns helfen.«
Das war im Juni 2000. Bis heute haben wir keine Antwort auf diese Fragen bekommen.

Wie gesagt, seit ich ins Gymnasium ging, war das Verhältnis zwischen mir und meiner Adoptivmutter immer schwieriger geworden. Ich war dreizehn, als wir die Reise nach Indien endlich für die großen Sommerferien planten. Heute weiß ich nicht mehr, wer zuerst die Sprache darauf brachte, dass es nun langsam an der Zeit sei, das Land, in dem ich geboren wurde, zu besuchen. Wir buchten die Flüge und bereiteten uns auf diese sehr besondere Reise vor. Dass diese Reise nicht bloß irgendeine Urlaubsfahrt werden würde, war zumindest mir von vornherein klar. Ich sagte meinen Eltern ausdrücklich, dass ich nicht nur das Land kennenlernen, sondern auch versuchen wollte, meine Wurzeln zu finden.

»Ja, ja«, sagten meine Eltern, »natürlich.«

Seine Wurzeln finden. Das kann vieles bedeuten. Ich weiß heute nicht, ob meinen Eltern wirklich bewusst war, welche Folgen es haben würde, wenn meine leibliche Mutter nicht nur als theoretische Größe mit den wenigen Informationen, die wir von Schwester Teresa hatten, sondern als Mensch aus Fleisch und Blut in unser Leben treten würde. Vor allem meine Mutter schien der Auffassung zu sein, man könne durchaus seinen Wurzeln nachspüren, indem man Urlaub in dem Land macht, in dem man geboren wurde. Ganz so, als würde es mir genügen, die fremde Kultur kennenzulernen, ein wenig indische Luft zu schnuppern und vor allem Schwester Teresa, die mich gerettet hatte, zu treffen, um ihr meine Dankbarkeit persönlich zu bekunden. Ich sollte den Ort kennenlernen, an dem mich meine Eltern zum ersten Mal gesehen hatten, das waren für sie meine Wurzeln, tiefer hatten sie meine Herkunft ja selbst nicht ergründet. Natürlich wollte auch ich Schwester Teresa kennenlernen. Allerdings nicht, um sie als meine Retterin zu feiern, sondern um mit ihrer Hilfe mehr über meine leibliche Mutter herauszufinden. Die Verpflichtung zur Dankbarkeit gegenüber Schwester Teresa war bei mir damals schon negativ behaftet – zum einen aus einem unerklärlichen Gefühl heraus und zum anderen, weil meine Adoptivmutter immer mit einem strengen Tonfall betont hatte, wie dankbar ich ihr sein müsste. Wenn Schwester Teresa wusste, dass meine leibliche Mutter bereits zwei Töchter hatte und darum keine dritte mehr großziehen konnte, wenn sie mit ihr über die Abtreibung diskutiert hatte, dann musste sie doch auch wissen, wo sie wohnte, wie sie hieß und wie meine Familie lebte. »Meine« Familie. Auch für mich klang das äußerst seltsam.

Und dennoch erschien es mir als Möglichkeit. Wenn es mir besonders schlecht ging und ich unter den ständigen Streitereien mit meiner Adoptivmutter litt, dann dachte ich immer häufiger daran, dass es dort im fernen Indien eine Familie gab, zu der ich vielleicht gehen könnte, wenn ich es zu Hause nicht mehr aushalten würde.

Aber auch ich machte mir nicht wirklich klar, was das alles tatsächlich bedeuten könnte. Ich hatte keinen Plan, was passieren würde, wenn ich meine Mutter erst einmal gefunden hätte. In mir war eine Sehnsucht, ein Vakuum, das gefüllt werden wollte. Es war mein Recht, so fand ich, zu erfahren, wer mich zur Welt gebracht hatte. Doch davor stand die Suche. Die Wurzelsuche, wie wir das Ganze nannten.

Im Sommer 2004, kurz vor meinem vierzehnten Geburtstag, sollte die Reise stattfinden. Mein Vater schrieb zuvor an Schwester Teresa und kündigte unseren Besuch an. Offenbar war sie ganz entzückt davon, mich bald wiederzusehen.

Bereits lange bevor wir uns auf den Weg machten, hatten meine Eltern Kontakt zu Frau Knuth aufgenommen, die zu ihren eigenen Kindern noch drei Adoptivkinder aufgenommen hatte. Familie Knuth hatte damals gerade etwas Furchtbares erfahren. Es hatte sich herausgestellt, dass eines ihrer Kinder, das sie als Findelkind adoptiert hatten, gar keines war. Frau Knuth und ihre Familie waren erschüttert von der Erkenntnis, unter welch falschen Voraussetzungen sie das Kind von einer äußerst seriös wirkenden Stelle in Indien adoptiert hatten. Und so riet Frau Knuth meinen Eltern, sich darauf gefasst zu machen, dass möglicherweise auch ihnen nicht die ganze Wahrheit gesagt worden war. Sie machte deutlich, dass sie Grund hatte zu befürchten, dass sie bei ihren anderen beiden adoptierten Kindern ebenso betrogen worden war. Und sie vermutete, dass sie nicht die Einzige war, deren angeblich verwaiste Kinder durchaus noch Eltern oder nahe Verwandte hatten, die sie schmerzlich vermissten.

Meine Eltern aber schlossen in meinem Fall eine derartige Ungeheuerlichkeit von vornherein aus. Sie waren davon überzeugt, etwas Gutes getan zu haben, und sahen nichts Falsches darin, ein Kind als das eigene anzunehmen, das, in ihren Augen, ansonsten keine Chance gehabt hätte. Adoptionen waren und sind ja allgemein derart anerkannt, dass sich meine Adoptiveltern die Abgründe, die sich hinter dieser rührenden Fassade verbergen, nicht vorstellen konnten. Warum sollte jemand in Indien einer Frau das Kind wegnehmen, wo es doch sowieso so viele »Waisen« gab? Das schien ihnen vollkommen abwegig.

Damit ging es meinen Eltern so, wie es vielen anderen Adoptiveltern heute noch geht, die sich gegen eine solche Möglichkeit bis zum letzten Moment sträuben. Denn nicht zuletzt fürchten sie, das Kind, das sie inzwischen lieben und als das ihrige ansehen, wieder zu verlieren.

Frau Knuth empfahl meinen Eltern trotzdem, für alle Eventualitäten offen zu sein, und verwies uns an einen jungen Mann namens Arun Dohle, der selbst als Adoptivkind von Indien nach Deutschland gekommen und auf der Suche nach seiner leiblichen Mutter war. Arun, so sagte sie, könne mir sicherlich viele meiner drängenden Fragen beantworten und uns möglicherweise an manchen Stellen weiterhelfen. Der Zufall wollte es, dass Arun zur selben Zeit in Indien sein würde wie wir.

Am Abend vor unserer Abreise rief Arun bei uns zu Hause an. Meine Eltern hatten sich, anders als verabredet, doch nicht bei ihm gemeldet – offenbar erschien ihnen die Vorstellung, einen jungen Mann mit mir zusammenzubringen, der seit Jahren seine leibliche Mutter suchte, einfach zu gefährlich. Ich kann mich gut erinnern, welch zwiespältigen Eindruck dieses erste Gespräch bei meinen Adoptiveltern hinterließ. Alles, was Arun sage, so meinten sie, klinge ziemlich extrem, ja, fast schon fanatisch. Dennoch willigten sie ein, ihn in Indien zu treffen. Denn Arun hatte Kontakt zu einer sehr interessanten Frau namens Gita Ramaswamy in Hyderabad, die sich seit Jahren mit Unregelmäßigkeiten bei Adoptionsfällen beschäftigte und eine absolute Koryphäe auf diesem Gebiet sei. Arun wollte uns vor Ort den Kontakt zu ihr vermitteln. Ich war begeistert und bestand darauf, dass wir sowohl Arun als auch Gita treffen sollten.

Mein Vater nährte meine Hoffnungen, dass es vielleicht ganz unkompliziert werden würde, meine leibliche Mutter zu treffen. Einmal meinte er sogar, er könne sich gut vorstellen, dass Schwester Teresa meine Mutter auf einen Nachmittag ins Krankenhaus einladen würde, damit wir uns bei einer Tasse Tee in Ruhe kennenlernen könnten. – Warum auch nicht? Schließlich habe mich meine Mutter aus einer Notlage heraus weggegeben, und niemand mache ihr einen Vorwurf.

Über das »Danach« haben wir uns nie unterhalten. Offenbar gingen meine Eltern davon aus, dass danach alles so sein würde wie zuvor. Das sollte sich als großer Irrtum herausstellen.

Die Suche nach den Wurzeln

Als ich in Mumbai aus dem Flugzeug stieg, strömte eine solche Fülle an Gerüchen, Geräuschen, Empfindungen und Gefühlen auf mich ein, dass ich einige Momente wie betäubt war. Die Luft war heiß und feucht und blieb an mir kleben. Das war unangenehm und faszinierend zugleich, so wie die Gerüche nach Schmutz, Staub und Abgasen vermischt mit einer Spur von Gewürzen und Räucherwerk. Es war ein Geruch, der mir etwas sagte, nicht, dass ich wirklich eine Erinnerung an ihm festmachen konnte, und dennoch schien er mir zugleich vertraut – und dann auch wieder fremd.

Mein Vater besorgte uns eine Rikscha, die uns ins Hotel bringen sollte. Da tauchte auf einmal ein Mädchen vor mir auf. Sie war so alt wie ich, vielleicht auch etwas jünger, hatte ein Kleinkind wie einen Sack Kartoffeln über ihre Schulter geworfen und war total schmutzig. Und unglaublich schön. Sie sah mir direkt in die Augen. Und ich musste plötzlich weinen.

»Was ist denn jetzt los«, wollte meine Mutter wissen. »Was hast du denn nun schon wieder?«, fragte sie ungeduldig. Mein Vater kam mit der Rikscha, wir setzten uns hinein, und während der gesamten Fahrt ins Hotel liefen mir unter den empörten Fragen meiner Mutter die Tränen übers Gesicht. Irgendwann sagte mein Vater zu ihr: »Jetzt lass sie doch mal in Ruhe.«

Warum weinte ich? Damals wusste ich das selbst nicht so genau. Heute denke ich, ich weinte, weil das Mädchen irgendwie aussah wie ich. Weil sie zu sagen schien: »Schau mich an, ich bin du, die Version von dir, die in Indien geblieben ist.«

Man hatte mir das alles vorher schon gesagt. Dass ich ständig mit Bettlern konfrontiert sein würde, dass ich ihnen auf keinen Fall etwas geben sollte, weil ich sonst sofort die gesamte Familie am Hals hätte: Die kriegst du nie wieder los, also gib besser gleich gar nichts. Am Ende steckt da sogar eine Mafia dahinter, die die Leute losschickt und ihnen am Abend alles wieder abnimmt. All das hatte ich im Kopf, all die geborgten Erfahrungen westlicher Weitgereister, und daneben, völlig unverbunden mit diesem Kopfwissen, meine unbenennbaren Empfindungen, die mich mit sich rissen wie ein Tsunami. Es ist eben etwas ganz anderes, ob man Filme über Indien sieht und Bücher darüber liest oder ob man mittendrin steht im bunten, lauten, stinkenden indischen Leben. Jeder Reisende ist davon beim ersten Mal überwältigt. Und dann erst ich, die ich in Indien geboren wurde!

Ich war knapp vierzehn Jahre alt, befand mich mitten in der Pubertät, die Gefühle und Stimmungen fuhren ohnehin Achterbahn mit mir. Schon zu Hause musste ich sofort weinen, sobald auch nur irgendetwas über Indien, und sei es nur eine Reisewerbung, im Fernsehen kam. Und nun war ich das erste Mal seit meiner Geburt in Indien, und alles, was ich mir wünschte, war, meine ersten Eindrücke einfach in aller Ruhe und für mich allein verarbeiten zu können. Ich wollte mich ganz langsam und ungestört diesem Land, das mir so fremd und gleichzeitig auf eine unerklärliche und unnennbare Weise vertraut war, annähern. Mit meinem Vater allein wäre das wohl möglich gewesen. Doch meine Mutter in ihrem Bemühen, alles und vor allem mich unter Kontrolle zu behalten, ließ mir einfach nicht die nötige Ruhe dazu. Ich hatte das Gefühl, sie nehme mir die Luft zum Atmen. Am liebsten hätte ich sie angeschrien oder wäre einfach weggelaufen, um diese faszinierenden Eindrücke, die Indien mir bot, in meinem eigenen Tempo auf mich wirken zu lassen.

Wir verbrachten drei Tage in Mumbai, um erst mal anzukommen, und machten das, was Touristen eben so tun: Wir gingen Shoppen. Ich liebe Schmuck über alles, und das herrliche Angebot, das sich mir nun auftat, lenkte mich eine Weile vom eigentlichen Grund unserer Reise ab. Ich kaufte mir Ohrringe, Taschen, Schals, Tücher, Stoffe und immer wieder Schmuck, der mir so ausgezeichnet stand.

Dann trafen wir Arun Dohle, und der Zweck dieser Reise stand auf einmal wieder im Mittelpunkt. Vielleicht hatten meine Eltern geglaubt, das Ganze sei mir gar nicht so wichtig. Ich hatte gelernt, meine Gefühle für mich zu behalten, und so sprach ich auch nicht viel darüber, wie viel es mir bedeutete, Licht in das Dunkel meiner Herkunft zu bringen. Vielleicht hatten meine Eltern gedacht, die schönen Seiten Indiens würden die Frage nach meinen Wurzeln in den Hintergrund rücken. Doch als Arun Dohle in der Lobby unseres Hotels auf uns wartete und wir gemeinsam ins Restaurant gingen, sprudelte es nur so aus mir heraus. Gleich nach unserer Begrüßung fragte ich ihn: »Und? Was ist mit dir?« Ich spürte sofort, dass ich endlich jemanden getroffen hatte, der mich verstand. Und als Arun mit dem unvergesslichen Satz antwortete: »Was soll mit mir sein? Dasselbe wie mit dir. Du bist ein gestohlenes Kind!«, da war allen Beteiligten klar: Diese Reise war sehr viel mehr als ein vergnüglicher Urlaub.

Arun war der erste Adoptierte, den ich traf, den genau wie mich der Wunsch bewegte, seine leiblichen Eltern kennenzulernen. Bei mir war es vor allem meine Mutter, die mir so fehlte. Es ist ein Wunsch, den ich schwer begründen kann, und mit ihm ist ganz viel verbunden. Die Sehnsucht, einfach aufgehoben und angenommen zu sein. Wenn ich nachts als kleines Kind einen Hustenanfall hatte, an dem ich fast erstickte, dann kam nicht meine Mutter an mein Bett, um mir die Brust einzureiben oder mich inhalieren zu lassen, sondern mein Vater. Vermutlich fühlte sich meine Mutter durch meinen Husten einfach nur gestört, da er sie vom Schlafen abhielt. Wenn es gar zu arg mit meinem Husten war, hatte ich fast den Eindruck, es wäre ihr lieber gewesen, ich hätte im Keller geschlafen. Wirklich aufgehoben fühlte ich mich bei meiner Mutter nie. All das wurde mir im Gespräch mit Arun Dohle an jenem Tag schlagartig bewusst, und noch mehr: dass mich die Sehnsucht und die Hoffnung, endlich meine leibliche Mutter kennenzulernen, nämlich schier zerrissen. Und nun sollte ich auch noch ein »gestohlenes Kind« sein? Oder lag genau darin die Antwort auf meinen tiefen Schmerz, die Erklärung für die schwarze Wolke der Depression, die mich immer wieder einholte und umhüllte und mir jeden Lebensmut nahm?

Tatsächlich verstand ich im ersten Moment nicht, was Arun mir sagen wollte. Gestohlen? Was sollte das denn bedeuten? Heute denke ich, das war eine unbewusste Abwehrreaktion. Gegen das, was er sagte, aber auch gegen die extreme und schonungslose Art, mit der er mit mir sprach. Er versuchte nicht, mir nach und nach einfühlsam mitzuteilen, was geschehen war, sondern er schlug mir die Wörter einfach so direkt ins Gesicht. Für mich klang das so unglaublich, dass ich gar nicht wirklich verstehen wollte, was er mir zu sagen versuchte. »Wie meinst du das? Was soll das bedeuten?«, fragte ich ihn.

Arun wollte unbedingt, dass ich ihn verstehe. Als hinge sein Leben daran, redete er auf mich ein, und in diesem Moment merkte ich, wie ähnlich wir uns waren. Denn auch ich möchte unbedingt, dass mein Gegenüber das, was ich ihm sagen will, versteht, ich insistiere dann, lasse den anderen nicht in Ruhe, bis er wirklich weiß, was ich meine. Und genau so war auch Arun.

»Bitte«, drängte er mich, »es ist sehr wichtig, dass du verstehst, was damals geschehen ist...« Diese Intensität ließ sogar mich im ersten Moment zurückschrecken. ›Das ist ein lieber Kerl‹, dachte ich, ›aber so ganz glaube ich ihm das, was er erzählt, nicht.‹ Und dennoch faszinierten mich die ungeschönt radikale Art, mit der er sprach, die Ungeheuerlichkeit seiner Worte.

»In jenem Krankenhaus«, fuhr er nun unbeirrt fort, »in dem du zur Welt kamst, gab es häufig Unregelmäßigkeiten in den vergangenen Jahren. Akten wurden gefälscht. Darin steht dann, dass dieses und jenes Kind unter einer Brücke gefunden wurde, unter einem Baum oder in einem Fluss und dass die Mutter eine Prostituierte gewesen sei... Dabei ist das gar nicht wahr. In Wirklichkeit hat man diesen Müttern ihre Kinder weggenommen. Und das Schlimmste ist, es geht weiter.« Zu meinen Eltern gewandt fuhr er fort: »Wie viele Kinder hat Schwester Teresa damals vermittelt? War das wirklich nur Anisha? Sonst lebten dort keine Kinder? Gehen Sie hin und sehen Sie sich selbst an, was daraus geworden ist. Heute ist das Krankenhaus ein Kinderheim, es heißt Tender Loving Care Home. Dreißig bis fünfzig Kinder sind dort momentan untergebracht. Und jedes einzelne hat eigentlich noch eine Familie. Alle könnten zu Hause bei ihrer Mama sein. Stattdessen werden sie nach Deutschland, Italien und in die USA verschifft. Das ist Menschenhandel.«

Keine Frage, meine Eltern waren zutiefst entsetzt. Sie diskutierten mit Arun, warfen ihm hitzig vor, einseitig zu sein und überall nur das Schlechte zu vermuten. Während dieses Gesprächs vollzog sich eine Wandlung in ihnen. Hatten sie zuvor meine Wurzelsuche unterstützt, weil sie fest davon überzeugt gewesen waren, dass alles genau so war, wie sie es all die Jahre geglaubt hatten, dass sie die Wohltäter waren, die sowohl mir als auch meiner unbekannten Mutter einen Gefallen getan hatten, so geriet ihr Welt- und Selbstbild auf einmal gehörig ins Wanken. Sie fühlten sich angegriffen. Sie verstanden nicht, wie man ihnen Derartiges vorwerfen konnte. Schließlich hatten sie so sehr darum gekämpft, dass ein Kind, das hätte abgetrieben werden sollen, ein Zuhause bekommen hatte. Ausgerechnet sie, die etwas Gutes hatten tun wollen. Denn »Du bist ein gestohlenes Kind« sagte ja noch nichts darüber aus, wer derjenige war, der gestohlen hatte. Sie fühlten – völlig zu Unrecht – den Zeigefinger auf sich gerichtet, als würde man sie eines Verbrechens bezichtigen. Meine Mutter ging direkt zum Gegenangriff über. Sie warf Arun Undank gegenüber seinen Adoptiveltern vor, beschuldigte ihn, noch im Alter von rund dreißig Jahren finanziell von ihnen abhängig zu sein und es ihnen auf diese Weise zu danken. Zu meinem großen Erstaunen reagierte Arun auf diese Angriffe äußerst souverän. »So können Sie nicht mit mir reden«, sagte er ruhig und selbstbewusst, und ich dachte mir: Genau so solltest du auch reagieren, Anisha, statt dich von deiner Mutter stets in die Enge treiben zu lassen.

Kein Wunder, dass meine Eltern Arun als verstörten, fanatischen, traumatisierten, ja, gefährlichen jungen Mann einstuften, der mir nur schaden konnte. Und darum verbot meine Mutter mir nach diesem Gespräch jeden weiteren Umgang mit ihm.

Für derartige Verbote war es jedoch längst zu spät. Ich hatte ein Handy mit einer indischen Prepaid-Karte, und so blieb ich mit Arun per SMS in Kontakt, auch nachdem wir nach Hyderabad weitergeflogen waren. Seine eigenen Wege führten ihn ebenfalls in die Hauptstadt des Bundesstaates Andhra Pradesh im Herzen Indiens, und so waren wir eng miteinander verbunden. Natürlich nur heimlich. Meine Eltern ließen mich täglich ein Internetcafé aufsuchen, um mit meinen Freundinnen in Deutschland in Verbindung bleiben zu können. – Das sagte ich ihnen zumindest. Von dort aus kommunizierte ich mit Arun und einmal trafen wir uns sogar. Das war sehr aufregend, denn beim Verlassen des Internetcafés lief Arun keine zwei Meter an meinem Vater vorbei. Täglich erfuhr ich mehr von Arun. Aber es war vor allem seine Präsenz, die mir Mut machte. Er war der einzige Mensch, den ich bis dahin getroffen hatte, der so zu fühlen schien wie ich. Um nichts in der Welt hätte ich auf ihn verzichten wollen.

Hyderabad ist eine pulsierende Millionenstadt am Ufer des Flusses Musi auf der Hochebene Dekkan. Es war heiß und feucht, als wir in jenem August 2004 dort ankamen, und obwohl wir uns noch lange nicht im äußersten Süden Indiens befanden, so spürten wir bereits deutlich den Einfluss des Monsuns, der dort zwischen Juni und Oktober alljährlich für reichlich Niederschläge und eine hohe Luftfeuchtigkeit sorgt.

Meine Geburtsstadt Hyderabad kann auf eine fast fünfhundertjährige Geschichte zurückblicken, und noch bis weit ins 20. Jahrhundert existierte ein unabhängiges Fürstentum, das denselben Namen trug. Aus dieser Zeit stammen zahlreiche prächtige Bauten, die sich westliche Touristen normalerweise anschauen, wenn sie Hyderabad besuchen. Mich interessierte die Schönheit der Stadt damals allerdings kein bisschen, ich war aus einem anderen Grund hierhergekommen und war nicht in der Stimmung, das übliche Touristenprogramm zu absolvieren. Es war ein eigenartiges Gefühl für mich zu wissen, dass ich hier, in dieser Stadt zur Welt gekommen war. So schnell wie möglich wollte ich das Krankenhaus betreten und mit jener Schwester sprechen, die meine leibliche Mutter kannte.

Dennoch fiel mir auf, dass die Menschen in Hyderabad ganz anders gekleidet waren als die Menschen in Mumbai. Auch herrschte hier ein anderer Geist, da fast die Hälfte der Bevölkerung muslimisch war und die Stadt eine ungewöhnliche Geschichte besaß. Das Fürstentum Hyderabad war von den Briten als eigenständige Verwaltung respektiert worden und wurde damals zum Zentrum und zur Zufluchtsstätte der muslimischen Inder, die in den britisch besetzten Gebieten kaum Möglichkeiten hatten, Arbeit zu finden. Als das Fürstentum Hyderabad 1948 Teil des indischen Staates wurde, wanderten viele gebildete Muslime nach Pakistan aus. Dennoch besteht die Bevölkerung noch heute zu rund vierzig Prozent aus Muslimen, während die Muslime im restlichen Indien durchschnittlich nur zwölf Prozent der Bevölkerung ausmachen.

1956 gab es in Indien eine große Gebietsreform, die man unter sprachpolitischen Gesichtspunkten durchführte. Man wollte diejenigen Gebiete verwaltungstechnisch zusammenfassen, in denen dieselbe Sprache gesprochen wurde. So entstand die Provinz Andhra Pradesh mit Hyderabad als Hauptstadt, in der bis heute vorwiegend Telugu und auch Urdu gesprochen wird. Denn Indien, das wurde mir hier zum ersten Mal klar, ist ein Land mit vielen verschiedenen Volksgruppen und ganz unterschiedlichen Sprachen, und hier in Hyderabad erwartete mich nun eine ganz andere Welt als zuvor in Delhi.

Diese vielen neuen Eindrücke musste ich erst einmal verarbeiten, und bald schon fand eine Begegnung statt, die mich tief beeindrucken sollte. Wir trafen Gita Ramaswamy, jene Frau, von der mir Arun so viel erzählt hatte. Gita engagiert sich seit Langem für die Menschenrechte und speziell für die Rechte der indischen Frauen. Ich wusste, dass sie bereits mehrere adoptierte Kinder mit ihren leiblichen Müttern zusammengeführt hatte. Auch Frau Knuth und ihrer Adoptivtochter hatte sie dabei geholfen, deren Ursprungsfamilie ausfindig zu machen. »Wenn jemand so etwas schafft, dann sie«, hatte Frau Knuth gesagt und in mir große Hoffnungen geweckt.

Meine Adoptiveltern und ich besuchten Gita Ramaswamy in ihrem Büro in der Altstadt von Hyderabad. Neugierig musterte ich diese Frau, denn sie war die erste Inderin, die ich persönlich kennenlernte. Sie trug einen einfachen Sari und hatte, wie alle Inderinnen, wunderschöne schmale Hände, mit denen sie beim Reden auch stets gestikulierte, um ihre Worte zu unterstreichen. Hinter einer schlichten Goldrandbrille betrachteten uns ihre wachen, klugen Augen aufmerksam, so als wollte sie sich gleich zu Anfang ein möglichst genaues Bild von ihren Besuchern aus Deutschland machen. Gita Ramaswamy hatte schon viel gesehen und bereits in viele Menschenherzen geblickt, hatte unaussprechliches Leid miterlebt und große Freude, und erst viel später wurde mir klar, dass sie genau wusste, dass auf der Negativskala des menschlichen Erlebens fast nichts unmöglich ist auf dieser Welt.

Diese gebildete und weltoffene Frau machte sofort einen positiven Eindruck auf meine Eltern. Ich kann mich kaum noch daran erinnern, worüber wir bei diesem ersten Treffen sprachen, so sehr war ich damit beschäftigt, Gitas Ausstrahlung in mich aufzunehmen. Sie erzählte uns allgemeine Dinge über Indien, über die Mentalität der Menschen und die politische Lage. Ihre persönliche Meinung, die sich aus ihrer langjährigen Erfahrung in der Frauenarbeit speiste, gab sie damals noch nicht preis. Als ich die Sprache auf das für mich so brennend interessante Thema Adoption brachte, sah sie mich an und auf ihrem Gesicht spiegelte sich fast unmerklich ein Lächeln. Meine Adoptivmutter fiel mir direkt ins Wort und erzählte, wie wunderbar meine Adoption damals, vor zwölf Jahren, gelaufen sei. Gita hörte sich alles an, nickte hier und da und sagte schließlich: »Nicht immer läuft alles so optimal, wie Sie es mir schildern. Es wäre gut, wenn Sie das bei Ihrer Suche im Hinterkopf behalten würden.«

»Sicherlich wird Schwester Teresa uns helfen, Anishas Mutter zu finden«, sagte mein Vater.

Gita wiegte den Kopf.

»Wundern Sie sich aber nicht«, sagte sie und lächelte dabei wieder auf diese typische, indische Weise, ein wenig unverbindlich und doch verschmitzt, »wenn es nicht so sein sollte. Ich könnte mir vorstellen, dass die Suche schwieriger wird, als Sie sich das jetzt noch vorstellen.«

Und dann erzählte sie von Arun, von seinem mühsamen Kampf um jede noch so kleine Information, berichtete über seine nun schon Jahre andauernde Suche nach seiner Mutter. Schon bei der Nennung seines Namens runzelte meine Mutter die Stirn und verschränkte die Arme vor der Brust. Auch mein Vater, dessen Gedanken man nicht so leicht erraten konnte, wirkte alarmiert. Besonders als Gita noch weiter äußerst positiv über Arun sprach und uns riet, uns an ihn zu halten und uns von ihm beraten zu lassen, konnte ich spüren, wie die Hochachtung, die meine Eltern für Gita gerade noch empfunden hatten, nach und nach dahinschmolz. Als wir uns von ihr verabschiedeten, blieb bei meinen Eltern eine große Irritation zurück – ich aber war begeistert von Gita.

Gita hatte uns prophezeit, dass es nicht ganz einfach werden würde, von Schwester Teresa Informationen über meine leibliche Mutter zu erhalten. Heute weiß ich, wie vorsichtig sich diese erfahrene Frau damals bei unserem ersten Treffen ausgedrückt hatte. Sie wollte meine Eltern nicht verprellen, wollte, dass sie ihre eigenen Erfahrungen machen, und bemühte sich, sie schonend auf die Begegnung mit der Doppelbödigkeit von Schwester Teresas Moralvorstellungen vorzubereiten. Und das war kein Fehler.

Wir hatten schon lange einen Termin mit Schwester Teresa vereinbart, und ich konnte es kaum erwarten, ihr gegenüberzutreten und ihr endlich meine Fragen zu stellen. Irgendwie hatte meine kämpferische Stimmung sogar meine Eltern angesteckt. Möglicherweise dachten sie, wenn ich meine leibliche Mutter treffen könnte und sie mir bestätigen würde, was Teresa über meine Herkunft und den Grund meiner Adoption gesagt hatte, würde ich Frieden finden und sie wären von der diffusen Schuldzuweisung, der sie sich ausgesetzt fühlten, freigesprochen. Meine Adoptivmutter ließ sich sogar zu der Äußerung hinreißen: »Und wenn wir erst einmal da sind, dann werden wir Schwester Teresa das Messer auf die Brust setzen.« Kein Wunder, dass ich mit diesem Treffen große Hoffnungen verband.

Als ich vor der Krankenhausanlage des St. Theresa's Hospital in Hyderabad stand, war ich zunächst völlig überwältigt. Denn das Krankenhaus war umgeben von einer ausgedehnten Parkanlage mit herrlichen Bäumen, Sträuchern und Blumen. Das Zweite, was mir auffiel, waren die riesigen Gittertore, die die Anlage nach außen hin abschirmten. Wer hier nicht erwünscht war, kam auch nicht rein. Für uns aber öffneten sich die Tore.

Wir wurden in ein Zimmer geführt, in dem wir auf Schwester Teresa warten sollten. Eine andere Schwester gesellte sich zu uns, und ich sprach sie an.

»Ach«, sagte sie, »du bist also Anisha!« Ja, sie könne sich noch gut an mich erinnern. Ich hätte doch so gerne Mangos gegessen. Und hätte so früh das Laufen gelernt ...

Es war seltsam, von einer wildfremden Frau zu hören, wie ich als Baby gewesen war. Allerdings war ich mir nicht sicher, ob sie die Wahrheit sagte, denn irgendwie wirkten ihre Sätze auf mich wie auswendig gelernt. Sah sie nicht viel zu jung dafür aus, um vor dreizehn Jahren schon dabei gewesen zu sein?

Dann erschien Schwester Teresa höchstpersönlich. So vieles hatte ich bereits von ihr gehört, so viel Widersprüchliches. Und nun stand sie vor mir. Sie schien hocherfreut, uns zu sehen, und trug ein Fotoalbum unter dem Arm, das sie uns zeigte. Jedes einzelne Bild, das meine Adoptiveltern ihr im Laufe der Jahre von mir geschickt hatten, war dort eingeklebt, und sie war offensichtlich sehr stolz auf dieses Fotoalbum. Auf dem Rücken des Albums stand in Großbuchstaben ANISHA. Und während meine Mutter ganz gerührt war und auch mein Vater sich beinahe so freute, als sähe er diese Fotos, die er selbst aufgenommen hatte, zum ersten Mal, dachte ich: ›Diese Alben legt sie doch bloß an, um sie anderen adoptionswilligen Paaren zeigen zu können.‹

Schwester Teresa war mir vom allerersten Augenblick an unsympathisch. Sie sah einem nicht in die Augen, wenn man mit ihr sprach. Fast so, als höre sie überhaupt nicht zu oder als sei man es nicht wert, mit ihr zu sprechen. Ihr Gesicht war herrisch und streng, und wenn sie lachte, verzogen sich ihre Gesichtszüge zu einer Fratze. Es fühlte sich nicht gut an, in ihrer Nähe zu sein, obwohl sie uns so herzlich willkommen hieß. Ich konnte deutlich spüren, dass unter der freundlichen Oberfläche etwas ganz und gar nicht stimmte. Mir wurde bewusst, dass dieses Gefühl, dass etwas nicht stimmt, sich wie ein roter Faden seit vielen Jahren durch mein Leben zog. Ich wusste, dass ich mich auf meine Intuition immer verlassen konnte, und alles, was Arun gesagt hatte, schien sich nun zu bestätigen. Also entschloss ich mich dazu, diesem seltsamen Schauspiel ein Ende zu bereiten und sie frei heraus nach meiner Mutter zu fragen.

Ich fragte sie unumwunden, ob sie mir Informationen zu meiner Mutter geben könne. Einen Namen, einen Stadtteil, irgendeinen Anhaltspunkt über ihre Identität oder ihren Aufenthaltsort. Wieder sah mir Teresa nicht in die Augen, und ihr Gesicht verschloss sich. Ich sprach weiter, bat sie um Einsicht in meine Akte, in der sich das Formular befinden musste, mit dem mich meine Mutter zur Adoption freigegeben hatte. Ich wollte es so gerne sehen. Dieses Dokument war etwas, das meine Mutter berührt hatte, das ihr Zeichen trug, und wenn es auch nur ein Fingerabdruck war. Schwester Teresa schwieg noch immer, ihre Augen blickten hart und abweisend überall im Raum umher, nur mir wichen ihre Blicke aus. Ich spürte, dass sie ganz genau wusste, was ich wollte. Dass sie es mir geben könnte, es aber nicht tun würde.

Statt zu antworten, ignorierte sie meine Fragen. Sie tat einfach so, als habe sie mich gar nicht gehört. Stattdessen wollte sie von mir wissen, wie es denn so in Deutschland sei, wie es mir in der Schule gehe, was ich so mache. Sie stellte einfach Gegenfragen, um elegant das Thema zu wechseln. ›Das ist typisch indisch‹, dachte ich, ›sie will mir nicht direkt ins Gesicht sagen, dass sie mir nicht helfen wird, sondern weicht mir aus, lenkt vom Thema ab.‹ Ich dagegen bin zwar in Indien geboren, aber westlich aufgewachsen und sozialisiert, und ich rede nicht gern um den heißen Brei herum, sondern sage, was ich denke. Vor allem, wenn mir etwas wichtig ist. Ich hatte noch den Satz meiner Adoptivmutter im Hinterkopf: »Dann setzen wir ihr das Messer auf die Brust«, und fragte mich, wann mir meine Eltern wohl beispringen würden. Aber das geschah nicht. Also fragte ich selbst nach. Ich wiederholte meine ursprünglichen Fragen, insistierte auf eine Antwort.

»Bitte«, sagte ich, »was wissen Sie über meine Mutter?«
Schwester Teresa war eindeutig nicht daran gewöhnt, dass jemand, der so jung war wie ich, sich derart ungebührlich verhielt. Ihr Tonfall wurde härter.

»Jetzt sei doch zufrieden«, fuhr sie mich an, »du hast doch liebe Eltern.«

›Aha‹, dachte ich, ›jetzt kommt sie mir mit der Dankbarkeit.‹

»Das hat damit nichts zu tun«, gab ich zurück. »Ich möchte trotzdem gerne meine richtige Mutter finden.«

»Du bist doch ein katholisches Mädchen«, fuhr Schwester Teresa fort, »benimm dich entsprechend und sei zufrieden.«

Diese Bemerkung machte mich besonders wütend. Das war so klischeehaft und entsprach keineswegs meinem christlichen Glauben. Sie benutzte hier die Religion, um Druck auszuüben, und das empfand ich als äußerst unverschämt. Hatte es doch absolut nichts damit zu tun, dass ich meine richtige Mutter finden wollte.

Also wurde ich noch wütender, als ich ohnehin schon war, und erhob nun ebenso meine Stimme. Ich machte der Schwester klar, dass ich diese Informationen, die mich so unmittelbar betrafen, um jeden Preis haben wollte, und dass sie, wenn sie etwas über meine leibliche Mutter wisse, es mir gefälligst sagen solle. Das Ganze wühlte mich derart auf, dass mir zu meinem großen Ärger Tränen kamen. Es war mir unmöglich, in dieser Stresssituation Ruhe zu bewahren, ich konnte keinen klaren Gedanken fassen und hatte das Gefühl, ins Bodenlose zu stürzen. Angesichts dieser harten Frau, die über mein Schicksal bestimmt hatte und sich nun weigerte, mir Auskunft über meine Herkunft zu geben, war es, als verlöre ich den letzten Rest von Grund unter meinen Füßen. Und das Schlimmste dabei war, dass meine Eltern zu allem, was sie sagte, nur nickten.

Als Schwester Teresa meine Schwäche bemerkte und erkannte, dass ich von meinen Eltern keine Unterstützung erhielt, griff sie zu einem ihrer genialen, manipulativen Schachzüge: Sie bat uns, mit ihr zu kommen, sie wolle uns die Dachterrasse zeigen. Ich verstand zunächst nicht, wozu das gut sein sollte, doch mein Anstürmen gegen diesen Felsen von einer Frau hatte mich viel Kraft gekostet und so trottete ich widerstandslos hinter Teresa und meinen Eltern die Treppen hinauf.

»Hier«, sagte die Schwester und zeigte auf eine Stelle am Boden der Dachterrasse, »hier hat Anisha geschlafen. Erinnern Sie sich noch?«

Und meine Mutter, an die diese Frage gerichtet war, nickte wie wild mit dem Kopf, ein verzücktes Lächeln im Gesicht.

»Ja«, sagte mein Vater, »siehst du, Anisha, hier haben wir die Fotos gemacht, die ich dir gezeigt habe. Als du noch ganz klein warst. Hier bist du herumgelaufen.«

»Na und«, brach es aus mir heraus, »was hat das damit zu tun, dass ich meine Mutter finden will?«

Doch meine Eltern schwelgten bereits in den Erinnerungen von damals. Weißt du noch hier und weißt du noch dort. Ich war unglaublich wütend und fühlte mich angesichts dieser Sentimentalitäten völlig hilflos. Von diesem Moment gibt es sogar noch ein Foto: Mein Vater, der offenbar nicht im Geringsten begriff, was hier vor sich ging, hielt die Situation auf der Dachterrasse in einem Bild fest. Darauf sieht man mich, wie ich zornig und verzweifelt in die Kamera blicke. Meine Gesichtszüge sind vor Unglück ganz verspannt. Aber außer mir schien niemand zu begreifen, dass Teresa nichts anderes tat, als uns vom eigentlichen Anliegen unseres Besuchs gekonnt abzulenken. Auf dem Foto stehen links und rechts von mir meine Adoptivmutter und Schwester Teresa, die sich über mir hinweg Blicke voller scheinbarem Einverständnis zuwerfen. Ich aber sehe auf diesem Bild, wie Schwester Teresa ihre Macht auskostet.

Auf dem Weg zurück ins Büro der Schwester öffnete diese auf einmal eine Tür. Ein Raum tat sich uns auf, in dem vielleicht vierzig kleine Kinder auf dem Boden saßen und uns mit großen Augen ansahen. Mir stockte der Atem. Also hatte Arun auch in diesem Punkt recht behalten. Meine Mutter jedoch war hellauf entzückt und rief: »Oh, sind die süß!« Mir verschlug es die Sprache. Sah sie denn wirklich nicht, was hier geschah?

»Das sind alles ausgesetzte Kinder«, sagte Schwester Teresa, »genau wie du, Anisha.«

»Wie schrecklich«, sagte meine Mutter.

»Ich habe sie gerettet«, erwiderte Schwester Teresa stolz. »Dieses Kind hier geht bald in die USA. Und das hier nach Italien. Mit Gottes Hilfe werden wir für jedes von ihnen eine Familie finden.«

Mir wurde schwindlig, um mich herum drehte sich alles. ›All diese Kinder‹, dachte ich, ›könnten jetzt wahrscheinlich bei ihren richtigen Familien sein. Wenn es stimmt, was Arun sagt, dann ist das hier ein Verbrechen, verborgen unter dem Deckmantel eines guten Werks. Hier werden nicht nur der Grundgedanke der christlichen Nächstenliebe und Gottes Name missbraucht, hier wird mit Menschenleben gespielt und Kinderrechte werden aufs Schlimmste mit Füßen getreten. Und was genauso schwer wiegt: Es werden die Herzen von Müttern und Vätern, Schwestern, Brüdern, Tanten, Onkeln, Großmüttern und Großvätern gebrochen!‹

Zurück im Büro der Schwester fuhr ich fort, weiter meine Fragen zu stellen: »Was wissen Sie über meine Mutter? Wie heißt sie? Wo wohnt sie? Was können Sie mir über sie sagen?« Wieder und wieder, und gerade, als ich dachte, dass ich von dieser Frau nie etwas erfahren würde, verplapperte sie sich plötzlich. Ziemlich genervt sagte sie: »Ich weiß nichts über deine Mutter! Rein gar nichts!« Und nach dem nächsten Ansturm meiner Fragen kam auf einmal: »Ich weiß nichts über deine Mutter Fatima.«

Da war für einen kurzen Augenblick komplette Stille im Raum. Man hätte eine Stecknadel fallen hören können. Also hieß meine Mutter Fatima? Bedeutete das, dass sie eine Muslima war? Tausend Gedanken schossen mir durch den Kopf. Schlagartig wurde mir klar, dass diese Frau noch viel mehr wusste. Und dieses Wissen, das musste ich ihr entlocken.

Um die Peinlichkeit zu überbrücken, stand Schwester Teresa auf und zog einen Ordner aus einem Schrank.

»Hier«, sagte sie, und ich dachte schon, jetzt zeigt sie mir endlich meine Akte. Doch weit gefehlt. Was sie mir vorlegte, waren verschiedene Akten von anderen Kindern. »Sieh her, all diese Kinder. Und alle sind zufrieden. Hier. Schau dir das an. Dieses Mädchen. Und das da. Alle sind sie glücklich. Nur du kommst hierher und machst einen solchen Ärger. Nun sage mir, Anisha, wieso tust du das deinen lieben Eltern an?«

»Warum zeigen Sie mir diese fremden Akten?«, konterte ich. »Wo ist meine? Ich habe ein Recht darauf, sie zu sehen. Was gehen mich diese fremden Kinder an? Es geht um meine Mutter. Um meine Familie. Was wissen Sie noch? Wie heißt Fatima weiter? Wie heißt mein Vater?«

Dann geschah etwas, das ich bis heute nicht begreifen kann. »Jetzt hör endlich auf«, schrie mich meine Adoptivmutter, die doch vor wenigen Tagen selbst noch davon gesprochen hatte, der Schwester das Messer auf die Brust zu setzen, an. »Siehst du denn nicht, dass das alles seine Richtigkeit hat? Schluss damit. Wir gehen jetzt.« Und damit stand sie auf und ging zur Tür. Mein Vater folgte ihr. Er war die ganze Zeit ruhig gewesen, hatte kaum etwas gesagt. Und auch jetzt kam er mir nicht zu Hilfe.

Wir waren so nahe dran, die ganze Wahrheit zu erfahren. Diese Frau wusste mehr und gerade eben, durch ihren Versprecher, hatten auch meine Eltern es bemerken müssen. Und ausgerechnet jetzt fiel mir meine Mutter in den Rücken. Auch mir blieb nun nichts anderes übrig, als den beiden zu folgen. Dass sie in dieser Situation nicht zu mir stehen konnten, verletzt mich bis heute. Und trotzdem glaube ich, dass auch sie völlig überfordert waren mit dieser Situation. Sie wollten und konnten nicht ertragen, dass sie zu Handlangern von etwas Unfassbarem gemacht worden waren.

Eine Mauer des Schweigens

Auf einmal ergab alles, was Arun gesagt hatte, einen Sinn. Stück für Stück fügte sich ein Puzzleteil zum anderen. Warum enthielt mir Schwester Teresa die Informationen über meine leibliche Mutter vor? Was hatte sie zu verbergen? Im Gegensatz zu meinen Eltern, die ihre eigene Geschichte mit Schwester Teresa hatten, aufgrund derer sie sich ihr auch weiterhin zu großem Dank verpflichtet fühlten, ahnte ich, dass ich mit meinen Fragen an der Oberfläche eines wohlgehüteten Geheimnisses rührte. Ein Geheimnis, unter dem ein großes Unrecht verborgen bleiben sollte. Warum sonst wehrte sich die katholische Ordensfrau so vehement dagegen, mir bei der Suche nach meiner leiblichen Mutter zu helfen? Warum weigerte sie sich, mir die Dokumente zu zeigen, wenn doch alles seine Ordnung hatte, wie sie und meine Adoptivmutter nicht müde wurden zu behaupten? Und wie sollte ich diese Kehrtwende im Verhalten meiner Eltern verstehen, die zunächst versprochen hatten, mir bei der Suche nach meiner leiblichen Mutter zu helfen, nun aber einen Rückzieher machten?

All das setzte mir in diesen Tagen gewaltig zu. Es war, als zöge man mir den Boden unter den Füßen weg, ich bekam Kreislaufprobleme, ständig wurde mir schwindlig, und dennoch entwickelte ich in diesen Tagen einen eisernen Willen, der Sache auf den Grund zu gehen, koste es, was es wolle. Gleichzeitig erhielt ich laufend neue Informationen von Arun. Die heimlichen Treffen mit ihm stärkten mich und machten mir Mut. Wenn mich auch meine Adoptiveltern im entscheidenden Moment im Stich gelassen hatten, ich stand nicht völlig alleine da.

Von Arun erfuhr ich die unglaublichsten Dinge. Er erzählte mir, dass es durchaus keine Seltenheit war, dass Kinder ihren Müttern gestohlen wurden, indem die Schwestern auf Entbindungsstationen die Babys an sich nahmen. Den Müttern erzählten die Schwestern dann erfundene Geschichten, die das Verschwinden ihrer Kinder erklären sollten. Manchmal behaupteten sie, die Kleinen seien bei der Geburt gestorben. Oder die Schwestern verlangten horrende Summen für die Entbindung, die die Frauen auf keinen Fall aufbringen konnten. Dann waren die Mütter gezwungen, ihr Kind als Pfand im Krankenhaus zu lassen. Dann schlossen sich die Tore hinter ihnen, und sie blieben draußen und sahen ihre Kinder oftmals nie wieder. Es kam auch häufig vor, dass Familien ihre kranken Kinder in ein Krankenhaus gaben, um es dort versorgen zu lassen. Eines Tages war es dann einfach verschwunden. Manchmal brachten verzweifelte Mütter ihre Kinder in »Kindertagesstätten«, um sie nach der Arbeit wieder abzuholen. Doch wenn sie abends zurückkamen, waren ihre Kinder nicht mehr da. Aus Krankenhäusern und Kindertagesstätten hatte man sie in Busse gesetzt, in einen entfernten Teil Indiens gefahren und dort in »Waisenhäusern« untergebracht. Da es sich bei den Müttern ausschließlich um arme, ungebildete Frauen aus niederen Kasten handelte, schenkte man ihnen bei den Behörden keinen Glauben. Und die Polizei glaubte ohnehin eher dem Krankenhauspersonal als den Müttern, die meist aus der unteren Schicht stammten. Beamten wurde außerdem häufig ein Schweigegeld bezahlt, damit sie dem Kinderhandel nicht nachgingen.

Und das alles geschieht, weil ein immenser Bedarf an Adoptivkindern aus ärmeren Ländern in der westlichen Welt herrscht. Das Personal in den indischen Waisenhäusern steht in Kontakt mit Adoptionsorganisationen aus dem Ausland und wird bisweilen mit Briefen adoptionswilliger Paare nur so überschüttet. Und dann geht alles seinen Gang. Ich erfuhr, wie perfide das Geschäft der Kinderhändler verläuft. Die Schwestern melden, dass ein Kind zur Adoption zur Verfügung steht. Daraufhin erhält das Kind die nötigen Papiere mit einer gefälschten Einwilligungserklärung seiner Eltern, und die ausländischen Paare bekommen ein Kind. Die leiblichen Mütter haben in der Regel nicht die geringste Ahnung, was aus ihren Kindern geworden ist.

War genau das auch mit mir geschehen? Hatte es sich in meinem Fall auch so abgespielt? Das waren die Fragen, die mich schwindlig machten, meinem Kreislauf zusetzten und mir Fieberattacken bescherten. Das waren die Fragen, die es mit sich brachten, dass ich in unserem Hotel mit meiner Adoptionsmutter derartige Kämpfe ausfocht, dass das Personal vom Empfang im Erdgeschoss zu uns nach oben kam, um nachzusehen, ob alles in Ordnung sei, und anzudeuten, dass andere Gäste sich durch unser Geschrei gestört fühlten.

Ich erfuhr von Arun auch, dass Schwester Teresa zum Zeitpunkt meiner Geburt keine Lizenz besaß, um Kinder zur Adoption zu vermitteln. Das hatte sich bis zu unserer Reise im Jahr 2004 geändert. Offenbar hatte sie mit mir und den drei Mädchen, die sie vor mir nach Deutschland geschickt hatte, nur »geübt« und die ersten Kontakte geknüpft. Inzwischen gab es das dem Hospital angegliederte Kinderheim Tender Loving Care Home – das »Heim der zärtlich liebenden Fürsorge« –, wir hatten die Kinder mit eigenen Augen gesehen, die adoptiert werden sollten. Schwester Teresa betrieb nun ein florierendes Geschäft mit der Sehnsucht kinderloser Paare: Sie verlangte inzwischen hohe Vermittlungsgebühren für die Kinder – Kinderraub nun also im großen Stil.

Am Tag nach jenem denkwürdigen Besuch bei Schwester Teresa fuhr mein Vater mit mir zum Indian Council of Social Welfare. Von dort hatten meine Adoptiveltern vor all den Jahren meine Vormundschaft erhalten. Wenn sich mein Vater auch nicht direkt in die Auseinandersetzung zwischen mir, meiner Mutter und Schwester Teresa einmischen wollte, so war dies seine Art, mir zu helfen. Wir hofften, dort die Unterlagen zu erhalten, aus denen hervorging, dass meine Mutter Fatima mich tatsächlich zur Adoption freigegeben hatte.

Vier Stunden lang fuhren wir durch diese riesige Stadt, bis wir das Amt endlich fanden. Als meine Eltern damals meine Papiere erhalten hatten, um mich mit nach Deutschland nehmen zu können, waren sie stets in Begleitung von Schwester Teresa unterwegs gewesen. Nun mussten wir uns selbst durchfragen. Auf dem Amt, das dem deutschen Einwohnermeldeamt entspricht, fanden wir nach langer Suche endlich einen Beamten, der sich unserer Sache annahm. Nach einer unendlich langen Wartezeit und Unmengen von Chai geschah etwas, das mich an eine Szene aus einem Märchen erinnerte: Ein Mann erschien mit einem riesigen, goldenen Buch unter dem Arm. Er setzte es behutsam ab, schlug eine Seite auf, und da stand es: Baby Anisha, geboren am 28. September 1990 im St. Theresa's Hospital in Hyderabad. Unter der Rubrik »Mutter« stand: Fatima. Mehr nicht. Einfach nur Fatima, ohne Familienname.

Es gab auch eine Rubrik »Vater«, und hier stand Pasha. Das war alles. Fatima und Pasha. Das waren also meine

Eltern. Keine Adresse fand sich in diesem Dokument. Nicht einmal ein Familienname, wie wir es kennen. Fatima und Pasha... Ich geriet sofort ins Träumen. War daraus mein Name gebildet worden? Ergab Fatima zusammen mit Pasha »Anisha«?

Mein Vater fragte nach dem Dokument, auf das es ihm am meisten ankam, der Freigabeerklärung meiner Mutter. Jenes Papier, das belegte, dass Fatima mich offiziell zur Adoption freigegeben hatte. Das Papier, auf das er vor zwölf Jahren versäumt hatte zu bestehen. Der Beamte mit dem Buch verschwand und kam nach langer Zeit mit einem Kollegen wieder. Der erklärte uns, die Akte, die wir suchten, sei leider verbrannt.

»Verbrannt?«

Ja, so sei es. Es täte ihnen leid.

»Ist doch seltsam«, sagte ich auf der Heimfahrt zu meinem Vater, »dass ausgerechnet diese Unterlagen verbrannt sind, findest du nicht?«

Er antwortete nicht. Auch er schien bedrückt. Ich sah hinaus auf das geschäftige Treiben in den Straßen. So viele Menschen. Wie sollte ich hier jemals meine Mutter finden? War es nicht die berühmte Suche nach der Stecknadel im Heuhaufen, die vor mir lag? Hatte es überhaupt einen Sinn, weiterzumachen? Und dennoch, ich war so weit gekommen, wie könnte ich jetzt aufgeben?

Ich sah einen Wasserverkäufer. Es war ein kleiner Junge, vielleicht zehn Jahre alt. Wir kamen an einer Baustelle vorbei, und ich sah junge Frauen in einfachen Baumwollsaris mit Körben voller Erde auf ihren Köpfen. Wie war es ihnen nur möglich, sich unter einer solchen Last so anmutig zu bewegen, mit einer Hand den Korb haltend, mit der anderen den Sari raffend, damit der Schlamm, durch den sie schritten, ihre Kleider nicht schmutzig machte? ›Was wäre aus mir geworden, wenn ich hiergeblieben wäre?‹, fragte ich mich vielleicht zum hundertsten Mal. ›Wäre ich dann glücklicher?‹ Was war es, das einen Menschen glücklich macht? Der Wohlstand, den ich in Deutschland bei meinen Adoptiveltern genießen konnte? Aber warum war ich dann seit vielen Jahren unglücklich? Ich starrte so lange in die Gesichter der Menschen am Straßenrand, als lägen in ihnen die Antworten auf meine vielen Fragen verborgen, bis sich alles um mich herum drehte.

Als wir zurück in unser Hotel kamen, erfuhr ich, dass meine Mutter inzwischen Besuch erhalten hatte. Schwester Teresa hatte sich die Mühe gemacht, zu uns ins Hotel zu kommen, um meiner Mutter eindringlich zu raten, mich davon abzuhalten, weiterhin Ärger zu machen. Warum sich meine Adoptivmutter mein Benehmen überhaupt bieten lasse, habe sie wissen wollen. Ob sie denn nicht genügend Autorität besitze, um diesem Theater ein Ende zu setzen? So viel Undank, so viel Frechheit – ihr fehlten die Worte. Natürlich regte mich das maßlos auf. Wieder stritt ich mit meiner Mutter, als ginge es um mein Leben. Und irgendwie war es ja auch so.

Immerhin erreichte ich, dass wir Schwester Teresa noch in derselben Woche einen zweiten Besuch abstatteten. Es war keine erfreuliche Begegnung, aber das hatten wir auch nicht mehr erwartet. Teresa wusste nun, dass ich mich nicht von ihr manipulieren ließ, dass sie mich mit ihrer Strenge nicht einschüchtern konnte. Inzwischen hatte sie anscheinend auch erfahren, dass wir Gita Ramaswamy getroffen hatten, auf die Schwester Teresa nicht gut zu sprechen war. Bei diesem Besuch bekamen wir jedenfalls keine Kinder zu Gesicht, der Raum, in dem sie sich ein paar Tage zuvor aufgehalten hatten, war leer. Fürchtete sich die Schwester inzwischen vor uns?

Die Begrüßung fiel sehr kühl aus, dieses Mal verschwendeten wir nicht viel Zeit auf Höflichkeiten. Mein Vater schilderte erneut unser Anliegen und bat die Schwester um ihre Kooperation. Diese diplomatische Geste war typisch für meinen Vater. Er dachte, man könnte auf diese Weise doch noch etwas bewirken. Ich rechnete nicht mehr damit, dass man damit bei Teresa viel erreichte. Und so begann ich wieder, sie auf meine Art zu befragen. Es fiel mir schwer, die Nerven zu bewahren. Denn irgendetwas an dieser Frau machte mich unendlich wütend. Wie sie dasaß und sich hinter ihrem Schreibtisch verschanzte, die Gesichtszüge verhärtet, die Augen kalt – ich hätte schreien und toben können, um sie aus ihrer Reserve zu locken, doch ich riss mich zusammen. Schon einmal hatte ich es geschafft, aus ihr etwas herauszubekommen, und nun war ich hier, um die Mauer aus Schweigen und Verachtung, die sie um sich errichtet hatte, zu durchbrechen.

Ich war erst dreizehn Jahre alt, aber ich kämpfte wie eine Löwin, um die Wahrheit ans Licht zu bringen. Am schwierigsten war, dass meine Mutter und Schwester Teresa inzwischen heimlich zu Komplizinnen geworden waren: Ich musste also nicht nur versuchen, die katholische Ordensschwester zum Reden zu bringen, sondern mich noch dazu gegen die Attacken meiner Adoptivmutter wehren. Ständig bekam ich zu hören: »Nun hör doch mal auf!« und »Jetzt sei doch mal dankbar!« Unter diesem doppelten Kreuzfeuer wurde mir übel, einmal dachte ich, dass ich mich gleich übergeben müsste, doch ich hielt durch. Mein Vater schwieg wie immer die meiste Zeit, nachdem sein Versuch, sie mit Worten zur Kooperation zu bewegen, nichts gebracht hatte.

»Wo wohnt meine Mutter Fatima?«, fragte ich zum wiederholten Male. »Wo wohnt sie? Nennen Sie mir einen Ortsteil, eine Straße, ein Viertel, Hyderabad ist so groß, sagen Sie mir, was Sie wissen.«

Ich fragte sie wieder und wieder. Und immer erhielt ich dieselbe Antwort: »Ich weiß nicht, wo sie wohnt.« Wieder und wieder dieselbe Frage, dieselbe Antwort. Doch ich blieb beharrlich und auch dieses Mal rutschte ihr irgendwann etwas heraus: »Ich weiß nicht, wo genau sie in Secunderabad wohnt.«

Da war sie, wie ein winziger Spalt in der Mauer aus Schweigen, hinter der sich Schwester Teresa vor mir verschanzte, blitzte ein Stückchen Wahrheit hervor. Nun hatte ich den Namen: Fatima. Den Ort: Secunderabad. Ich setzte nach, versuchte den Spalt zu vergrößern.

»Und wo genau in Secunderabad? Wo ist meine Akte? Zeigen Sie mir endlich Fatimas Einwilligung zu meiner Adoption!«

Doch die winzige Lücke, die sich geöffnet hatte, hatte sich sofort wieder verschlossen. Schwester Teresa ärgerte sich über ihren Fehler. Ich erkannte, dass ich nicht mehr erfahren würde. Immerhin hatte ich nun einen Namen. Ich hatte einen Ort. Darauf ließ sich aufbauen, hoffte ich.

In den darauffolgenden Tagen ging es mir gesundheitlich ziemlich schlecht. Das Schwindelgefühl nahm zu, zweimal wurde ich sogar ohnmächtig. Meine Eltern machten sich Sorgen, ich könnte mich mit Malaria infiziert haben, und fuhren mit mir in ein Krankenhaus, um einen Test zu machen. Er war negativ. Mir war ohnehin klar, was die Ursache für meinen Zustand war. Alles, was ich erlebt und erfahren hatte, war einfach viel zu viel für mich. Ich fühlte mich derart ungerecht behandelt, dass ich es einfach nicht ertragen konnte. Es war die hoffnungslose Situation dort in Teresas Zimmer gewesen, als keiner mir glauben wollte und ich so allein gelassen wurde. Ich hatte keine Krankheit, die Situation war es, die mich im wahrsten Sinne des Wortes umwarf.

Ich war zurückgekehrt an jenen Ort, an dem sich ng gewesenes
Drama abgespielt hatte, in dem mir die Hauptrolle zugedacht war, wenngleich ich die Handlung dieses Dramas

noch immer nicht kannte. Erst im Laufe der folgenden Jahre sollte sich herausstellen, dass die Wahrheit um die Geschichte meiner Geburt und darüber, was kurz danach geschah, wie das Innere einer Zwiebel war, von dem ich nach und nach Schale für Schale ablösen musste, um zu ihm vorzudringen. Diese Schalen bestanden aus Lügen und Schweigen, und mich mit ihnen zu beschäftigen, tut bis heute weh. Und wenn auch mein Verstand von all dem damals nur eine vage Ahnung hatte, so teilte mir mein Körper mit seinen Reaktionen doch mit, wie heiß das Terrain war, auf dem ich mich bewegte.

Meinem Vater habe ich es zu verdanken, dass wir uns noch einmal an Gita Ramaswamy wandten, um bei den Behörden weitere Nachforschungen anzustellen. Mit ihr gemeinsam fuhren wir zum Jugendamt, wo meine Eltern am allerersten Tag ihrer ersten Indienreise mit Schwester Teresa gewesen waren. Da Gita dort bekannt war als eine Frau, die sich für die Rechte von Müttern einsetzte, deren Kinder gegen ihren Willen adoptiert worden waren, und sie einigen Beamten mit ihrem Engagement ziemlich auf die Nerven ging, hielt sie sich zunächst abseits. Erst als wir ohne sie nichts erreichen konnten, griff sie ein. Doch auch Gita hatte keinen Erfolg. Stundenlang standen wir auf düsteren Gängen herum, sahen uns verschlossenen Türen gegenüber, bis endlich ein Mann heraustrat und sagte, dass er uns leider auch nicht weiterhelfen könne. »Warum an den alten Sachen rühren«, sagte er in meine Richtung gewandt, »was soll das schon bringen? Sie können sich glücklich schätzen, in Deutschland leben zu dürfen!« Und damit verschwand er wieder in seinem Büro.

Das war es nun. Mehr, so fühlte ich, würde ich während dieses Aufenthaltes nicht erreichen. Ich wurde traurig, wenn ich an meine naive Vorstellung dachte, mit der ich nach Indien gekommen war: dass ich meine Mutter treffen und endlich erfahren würde, woher ich kam. Niemals hätte ich gedacht, dass es so schwierig sein, dass ich auf so viel Ablehnung und Zurückweisung stoßen würde. Der Graben zwischen meiner Adoptivmutter und mir war auf dieser Reise noch tiefer geworden. Auch von meinem Vater war ich zum ersten Mal richtig enttäuscht. Aber aufgeben? Das kam nicht infrage. Ich hatte der Schwester immerhin zwei wichtige Informationen entlocken können. Meine Mutter hieß Fatima und sie wohnte irgendwo bei oder in Secunderabad, der sogenannten Schwesterstadt Hyderabads mit rund 220000 Einwohnern. Da ich wusste, dass Gita Ramaswamy schon öfter ins Ausland adoptierte Kinder mit ihren Müttern zusammengebracht hatte, bat ich sie, bevor wir Indien wieder verließen, auch mir bei meiner Suche zu helfen.

»Bitte«, sagte ich zu ihr bei unserem letzten Treffen, »suchen Sie für mich nach Fatima! Wenn es Ihnen irgendwie möglich ist, dann finden Sie meine Mutter.«

Gita versprach mir, alles zu tun, was in ihrer Macht stand. Dass es jedoch eine fast aussichtslose Suche sei, diese Befürchtung bestätigte sie.

»Ich werde tun, was ich tun kann. Aber bedenke, dass Arun nun schon seit Jahren nach seiner Mutter sucht.«

»Ich weiß«, sagte ich traurig.

Wir nahmen uns fest in die Arme. Noch wenige Tage zuvor hatten wir uns nicht gekannt. Diese zierliche Inderin, die sich äußerlich nur durch ihre Kurzhaarfrisur von den anderen Inderinnen unterschied, die in ihrer Tätigkeit als Menschenrechtsaktivistin jedoch viele indische Traditionen infrage stellte und dadurch eine so interessante und starke Frau war, versprach etwas ungeheuer Wichtiges für mich zu tun: Sie wollte Fatima finden, die Frau, die mich vor fast vierzehn Jahren geboren hatte.

Der Wahrheit auf der Spur

»Na, wie war es?«, wollten meine Freundinnen wissen. »Hast du deine Mutter gefunden?«

Mit arglos lächelnden, aufrichtig interessierten Gesichtern sahen sie mich an. Wie um alles in der Welt konnte ich diesen Mädchen, die ihre Ferien mit ihren Eltern in Italien oder Spanien, am Meer oder in den Bergen verbracht hatten, erzählen, wie es mir in Indien ergangen war? Wie sollte ich ihnen das Gefühl vermitteln, das ich selbst kaum verstand, als ich ganz allein, ohne meine Adoptiveltern durch die Straßen von Mumbai und Hyderabad gegangen war, zum ersten Mal in meinem Leben unter Menschen, die so aussahen wie ich? Denn das Verrückte war: mir war meine dunkle Haut fast nie bewusst gewesen, ich fühlte mich wie jemand mit heller Haut, und erst, als ich mein Spiegelbild in einem Schaufenster erblickt hatte, inmitten der fremden Passanten, die ebenso dunkel waren wie ich, wurde mir klar, dass ich mich zum ersten Mal in meinem Leben in einer Gesellschaft bewegte, zu der ich allein schon äußerlich gehörte. Und doch, je länger ich mich so unter den einheimischen Passanten bewegte, desto deutlicher wurde mir, dass ich in meinem Verhalten, ja, sogar in der Art, mich zu bewegen, ganz und gar westlich war. Auch hier in Indien fiel ich auf – nicht wegen meines Äußeren, sondern wegen meines Verhaltens. Vor allem die Bettler hatten dafür ein gutes Auge, sie musterten mich nur kurz, meine Schuhe, die Art, wie ich mich schminke, wie ich ging und mich bewegte, und schon umringten sie mich, während sie die Einheimischen mieden. Und so durchlitt ich ein wahres Wechselbad der Gefühle: Das Staunen einer Touristin angesichts all dem Fremden wich der Freude dazuzugehören und wandelte sich schließlich in die Erkenntnis, dass nicht meine Haut- oder Augenfarbe mich zu einer Deutschen oder einer Inderin machten, sondern mein Denken und mein Verhalten. Ich spürte, wie ich von meinem Selbstverständnis eingeholt wurde. Und in meinem Selbstverständnis war ich nun einmal europäisch.

All das war verwirrend und faszinierend zugleich. Wo gehörte ich hin? Mehr als je zuvor hatte ich das Gefühl, nirgendwo wirklich dazuzugehören. In Deutschland war ich die Inderin und in Indien die Deutsche. Ich trug den indischen Namen Anisha und den Nachnamen Mörtl. Und doch, trotz all dieser verwirrenden Erfahrungen hätte ich diese Reise um keinen Preis missen wollen, denn das Kostbarste, was ich von ihr mit nach Hause nahm, war ein Gefühl von Wärme, so als trüge ich eine kleine Sonne in meiner Brust. Die Freundlichkeit der Menschen im Land meiner Geburt hatte in mir eine Saite zum Schwingen gebracht, die ich bewahren wollte. Sie brachte mich dazu, in der S-Bahn Menschen anzulächeln und auch ihnen ein Lächeln zu entlocken. Ich konnte fühlen, wie es den anderen um mich herum ging. Noch mehr als früher kamen nun immer häufiger Mädchen aus meiner Schule zu mir, wenn sie Kummer hatten, um mir ihr Herz auszuschütten und mich um Rat zu fragen. Ich wunderte mich und freute mich zugleich darüber. Anderen konnte ich oft helfen, nur bei mir selbst und in den wachsenden Konflikten mit meiner Adoptivmutter wusste ich keinen Rat. Aber ich wollte dieses Gefühl der Wärme bewahren, ich wollte es hüten und pflegen.

Während der ersten Monate nach meiner Indienreise prägte sich mein christlicher Glaube noch stärker aus. Schon vorher war er mir wichtig gewesen, und oft hatte ich, wenn ich mich aus Kummer in den Schlaf geweint hatte, in ihm Trost gefunden. Viele Menschen berichten, dass die Begegnung mit der indischen Kultur in ihnen eine spirituelle Entwicklung in Gang gesetzt hat, und so war es auch bei mir. Allerdings ging es mir nie um den Hinduismus oder den Islam, dem meine Mutter Fatima ihrem Namen nach höchstwahrscheinlich anhing, und auch nicht um den Buddhismus. Nein, es war der christliche Glaube in seiner katholischen Ausprägung, mit dem ich groß geworden war, der mir Kraft und Stärke schenkte. Ich hatte das Glück, verständnisvolle und engagierte Religionslehrer zu haben, die mir das Lebendige des christlichen Glaubens vermitteln konnten. Es war vor allem ein Satz, der für mich zum Schlüssel für all die Situationen wurde, in denen ich tief verzweifelt und unglücklich war: »Gott lädt einem nur so viel auf, wie man tragen kann.« Und wenn ich wieder einmal, trotz aller Vorsicht und Versuche, dem Konflikt mit meiner Adoptivmutter aus dem Weg zu gehen, in diesen sinnlosen Kreislauf aus Beschuldigung und Rechtfertigung, Beleidigung und Widerrede geraten war, wenn ich wieder drohte, in die dunkle Wolke der Depression hinüberzugleiten, dann wiederholte ich diesen Satz wie ein Mantra: »Gott lädt mir nur so viel auf, wie ich tragen kann.« Und schon fühlte ich wieder Stärke und Kraft in mir erwachen.

Und ich brauchte viel Kraft damals. Mein Leben war nach unserer Indienreise noch viel komplizierter geworden, als es ohnehin schon gewesen war. Die Atmosphäre zu Hause empfand ich als immer schwieriger, und in der Schule fühlte ich mehr und mehr, wie ich durch die ständige Anspannung und den Kummer, den mir mein Zuhause bereitete, nicht mehr auf einem Level mit meinen

Schulkameraden war. Für meine Freunde war ich immer noch die fröhliche, verständnisvolle Anisha, der sie ihren Kummer erzählen konnten, die ihnen zuhörte und sie tröstete, wenn sie traurig waren. Doch gleichzeitig spürte ich, wie ein Teil von mir vorzeitig erwachsen wurde. Das ständige Achtgeben auf die empfindliche Situation zu Hause, das für mich schwer einschätzbare Verhalten meiner Adoptivmutter, die Sorge, ob Gita im fernen Indien tatsächlich meine Mutter finden würde, die Heimlichkeiten, die nötig waren, um mit Arun und Gita Kontakt zu halten, das alles machte meine Gedanken, ja, mein ganzes Leben schwer. Ich hatte gerade erst meinen vierzehnten Geburtstag gefeiert und fühlte mich doch schon uralt.

Ich empfand es als sehr schwierig, es meiner Adoptivmutter recht zu machen. An manchen Sonntagen erlaubte sie mir nicht, zur Heiligen Kommunion zu gehen, weil sie der Meinung war, ich hätte mich während der vorangegangenen Woche nicht gut genug benommen. »Du sollst Vater und Mutter ehren« war eines der Gebote, das sie mir in jener Zeit oft vorhielt. Das machte mich unglaublich wütend, und ich gelangte zu der Ansicht, dass es offenbar Leute gibt, die den Glauben und die Gebote der Kirche dazu missbrauchen, andere zu bestrafen und sie spüren zu lassen, dass sie noch lange nicht auf ihrem Niveau sind. Offenbar durfte ich es mir ihrer Meinung nach nicht erlauben, als Christin den Trost Gottes zu erwarten. Ich aber fing an zu ahnen, dass sie sich hinter Kirchengesetzen verschanzte, während ich zu der festen Überzeugung kam, dass Gott nicht derart kleinlich war. So kam es, dass ich begann, auch kirchliche Institutionen zu hinterfragen. Hatte nicht auch Schwester Teresa in jedem zweiten Wort den Glauben an Gott vorgeschoben, statt mir die Wahrheit über meine Herkunft zu sagen? Mit meinen vierzehn Jahren schien ich all diese Auswüchse und Heucheleien, die unter dem Vorwand des Christentums geschahen, auf einmal zu durchschauen und sie waren mir fürchterlich zuwider. Mit meinem Vater, der Protestant ist, führte ich lange Gespräche über das Urchristentum und die Entwicklung der Kirche seither, und immer mehr fühlte ich, wie weit sich die katholische Kirche von der Lehre Jesu Christi entfernt hatte. Mein Vater erklärte mir alles, was er wusste, ohne Vorurteile, er wollte, dass ich mir selbst ein Urteil bilden und mich frei entscheiden konnte, welche Religion ich für mein Leben annehmen wollte und ob es überhaupt einen Glauben gab, der für mich wichtig war.

Er machte mir auch immer wieder deutlich, dass wir nur Menschen sind, die irren, und es daher wichtig ist, sich in seiner Religion stets für die Verbesserung und Weiterentwicklung starkzumachen. Mir wurde bewusst, dass wir Menschen ein Gewissen besitzen und diesem verantwortlich sind, denn es ist die Stimme Gottes.

Und so stand für mich fest, wo meine religiöse Heimat war, denn aus dem christlichen Glauben zog ich viel Kraft. Schon lange spürte ich die Nähe Gottes, wenn ich Gebete sprach oder den Gottesdienst besuchte. Ich war mir sicher, dass Gott immer für mich da sein würde. Und aus dieser Gewissheit, dass es Gott gibt und dass die Liebe das höchste Gut auf Erden ist und immer sein wird, schöpfte ich täglich neuen Mut.

Während ich in Deutschland um mein Selbstverständnis rang, wusste ich nicht, was Gita Ramaswamy in Hyderabad tat, um meine Mutter zu suchen. Ich konnte noch nicht einmal sicher sein, ob sie überhaupt etwas unternahm. Im September 2004 telefonierte ich mit Frau Knuth und bat sie noch einmal ausdrücklich, Gita in meinem Namen eine E-Mail zu schreiben, um meinen Wunsch zu bekräftigen, sie möge nach meiner Mutter suchen. Nun also hieß es für mich warten und auf Gott vertrauen.

Damals fragte ich mich immer wieder: Wie sucht man in einer Millionenstadt eine Frau namens Fatima? Erst viel später erfuhr ich, mit welcher Klugheit und Umsicht Gita in jener Situation gehandelt hatte. Da sie mich und meinen Vater zum Jugendamt in Hyderabad begleitet hatte, war sie selbst Zeugin davon geworden, wie man uns dort abgekanzelt hatte. Und so dachte sie darüber nach, in welchen Registern meine Geburt außerdem noch verzeichnet sein könnte. Sie kam auf die Idee, ins Rathaus zu gehen. Und hier wurde sie tatsächlich fündig. Beim Einwohnermeldeamt war meine Geburt eingetragen worden, und zu Gitas großer Freude stand hier auch der Wohnort meiner Eltern, nämlich das Dorf Bonthapally, rund fünfzig Kilometer von Hyderabad entfernt. Das war ein erster Erfolg.

Gita fuhr daraufhin nach Bonthapally und fragte sich durch. Noch hielt sie mit dem wahren Grund für ihre Suche nach Fatima aus Vorsicht hinter dem Berg. Sie erkundigte sich einfach nach einem Ehepaar namens Fatima und Pasha, und es gab tatsächlich Menschen, die sich an die beiden erinnerten. Gita erfuhr, dass Fatima inzwischen allerdings zu ihrer Mutter nach Moosapet, einem Stadtteil von Hyderabad, gezogen war.

Moosapet war viel weitläufiger, als Gita geglaubt hatte. Dort lebten rund sechshundert Familien, und so war es unmöglich, einfach von Tür zu Tür zu gehen und sich durchzufragen. Sie sprach mit den Imamen der beiden Moscheen, doch auch sie konnten ihr nicht weiterhelfen. Denn in Moosapet, das bestätigten ihr die Imame, gab es unzählige Fatimas.

Zu jener Zeit verfolgte Gita parallel zu meiner noch eine weitere Herkunftssuche. Bei dieser war sie erst erfolgreich gewesen, als sie sich entschlossen hatte, ehrlich mit den Menschen zu sein und ihnen die Gründe für ihre Fragen mitzuteilen. Und so entschied sie sich, auch in meinem Fall alle Vorsicht in den Wind zu schlagen und offen zu erzählen, warum sie nach Fatima suchte. So fuhr sie am 9. November 2004 in aller Frühe noch einmal auf der Narsapur-Straße nach Bonthapally. Diese Straße führte sie durch eine dicht bebaute Industrielandschaft, deren interessante Geschichte eng verknüpft ist mit der erfolgreichen politischen Karriere von Indira Gandhi. Die Menschen aus dieser Gegend wählten sie damals in das indische Parlament, weil sie ihnen während des Wahlkampfs versprochen hatte, Industrie in die Gegend zu bringen. Und dieses Versprechen hatte sie gehalten. Zwischen 1983 und 1989 siedelten sich hier mehrere Hundert Unternehmen an, und Tausende von Menschen, die hier Arbeit suchten, folgten nach. Eine von ihnen war meine Großmutter Yusuf Bi gewesen, wie Gita nun bei diesem zweiten Besuch erfuhr. Sie war Mitte der Achtzigerjahre auf der Suche nach Arbeit mit ihren drei Kindern von Hyderabad nach Bonthapally gezogen: mit Fatima, Nowseen, ihrer zweiten Tochter, und ihrem jüngsten Sohn, Kalim.

Als Gita bei diesem zweiten Besuch offen darüber sprach, warum sie Fatima suchte, begegneten ihr die Menschen mit großer Anteilnahme. Denn sie alle erinnerten sich noch gut an Fatima und ihr Baby. Niemand war sich mehr sicher, warum und ob Fatima das Kind weggegeben hatte, doch alle wussten, dass es eines Tages einfach nicht mehr da gewesen war. Einige meinten, Yusuf Bi habe ihre Tochter Fatima dazu überredet, das Baby herzugeben, denn die Ehe mit Pasha ging schon während der Schwangerschaft auseinander, und ohne Kind, so könnte Yusuf Bi möglicherweise gedacht haben, wäre es einfacher, Fatima erneut zu verheiraten. Andere sagten, Fatima hätte das Geld für die Geburt nicht aufbringen können, und darum hätten die Schwestern im Krankenhaus das Kind für sich beansprucht. Einig waren sich alle darüber, dass Yusuf Bis Familie so arm gewesen war, dass sie während der Traubenernte, bei der sie sich als Saisonarbeiter verdingten, nur Trauben aßen, weil sie kein Geld gehabt hatten, um sich Essen zu kaufen. Meine Großmutter Yusuf Bi habe in einer Fabrik gearbeitet, bis diese schloss, denn nach 1989 flaute der Wirtschaftsaufschwung der Region ab und ein Unternehmen nach dem anderen stellte die Produktion ein. Fatima habe das einzige Kino des Ortes geputzt, während ihr jüngerer Bruder Kalim nach Beendigung der Schule Rikschafahrer wurde.

Die Ehe von Fatimas Schwester Nowseen war so unglücklich verlaufen, dass es eines Tages zu einer Tragödie kam: Die junge Frau übergoss sich mit Kerosin und zündete sich dann selbst an. Sie hinterließ eine kleine Tochter, die bei ihrem Vater blieb.

All dies erzählten die früheren Nachbarn. Mit wem Gita auch sprach, alle äußerten sich nur positiv über Fatima und ihre Familie. Da war der ehemalige Vermieter, dessen Sohn Gita herumführte und ihr auch die vier kleinen Häuser zeigte, in denen die Familie gewohnt hatte. Und da war der Filmvorführer des Kinos, in dem Fatima beschäftigt gewesen war, und weitere Nachbarn, die sich alle an sie und ihre Familie erinnerten. Jemand hatte sogar zwei Fotos von Yusuf Bi und überließ sie Gita für ihre Suche. Alle erzählten, dass sie Fatima oft über den Verlust ihrer kleinen Tochter weinen gesehen hatten. Der Sohn des Vermieters wusste gar, dass Fatima bekannt war, dass ihre Tochter ins Ausland gebracht worden war, denn sie sei oft zum St. Theresa's Hospital gegangen, um nach ihrem Kind zu fragen. Und dieses Kind – das war ich! Noch heute läuft es mir eiskalt den Rücken hinunter, mir wird gleichzeitig heiß und kalt und unwillkürlich steigen mir heiße, brennende Tränen in die Augen, wenn ich den präzisen Bericht lese, in dem Gita damals alle Details ihrer Suche festhielt.

Während Gita in Bonthapally auf der Suche nach Fatima mit den früheren Nachbarn meiner Mutter sprach, saß ich im novemberlichen Regen zu Hause und versuchte mich auf die Schule zu konzentrieren. Ich bemühte mich, mir vor meinen Mitschülern nicht anmerken zu lassen, in welch angespannter Situation ich mich zu Hause befand, strengte mich an, meiner Adoptivmutter so gut es ging aus dem Weg zu gehen und tanzte mir zweimal pro Woche meine ganze Anspannung aus dem Körper. Zu dieser Zeit lernte ich zwei meiner heute noch besten Freundinnen kennen, Emine und Celine, die mich durch dick und dünn begleiteten. Ihnen vertraute ich alles an und so wussten sie als Einzige über meine Geschichte Bescheid.

Ich und meine Mutter Fatima, wir beide lebten verstrickt in unsere Alltagsleben in zwei weit voneinander entfernten Teilen der Welt, und dazwischen bewegte sich Gita langsam, aber unbeirrbar wie eine Kompassnadel von mir auf Fatima zu, immer entlang der Spur, die die Menschen, deren Schicksal Fatima gestreift hatte, ihr legten.

Eine dieser Spuren führte Gita auf den Blumenmarkt von Secunderabad. Denn jemand aus Bonthapally hatte erwähnt, dass sie Fatima und ihre Mutter Yusuf Bi einmal dort gesehen habe, wie sie große Blumensträuße erworben hatten, um die Blüten später einzeln zu verkaufen. Eines Morgens machte Gita sich also auf den Weg, um auf dem riesigen Blumenmarkt nach meiner Großmutter und meiner Mutter zu suchen. Unzähligen Händlern und Händlerinnen zeigte sie Yusuf Bis Foto, doch alle schüttelten nur bedauernd den Kopf. Und so musste sie unver-

1

richteter Dinge wieder zurückkehren. Der Blumenmarkt von Secunderabad hatte sich als Sackgasse erwiesen.

Vielleicht hätten andere aufgegeben – nicht aber Gita Ramaswamy. Sie überlegte, an welchem Punkt sie wieder neu anknüpfen könnte, und entschloss sich, noch einmal nach Moosapet zu fahren. Dort versammelte sie so viele der dort lebenden Menschen um sich wie möglich und erzählte allen, warum sie so verzweifelt nach Yusuf Bi und ihrer Tochter Fatima suchte. Wenn man bedenkt, dass es in diesem Stadtteil rund sechshundert Haushalte gibt, dann kann man sich vorstellen, dass es ein unglaublicher Menschenauflauf gewesen sein muss, der sich da um Gita versammelt hatte. Sie traf viele hilfsbereite Menschen, doch niemand kannte Fatima. Erneut suchte Gita die Moscheen auf, sprach mit allen, die sie traf. Sie zeigte auch Bilder von mir und fragte, ob jemand eine Frau kenne, die mir ähnlich sähe. Schließlich riet ihr einer der Imame, sie solle doch eine Suchanzeige in die örtliche Ausgabe der Siasat, der größten Zeitung in Urdu, setzen. Gita fand diese Idee ausgezeichnet und folgte seinem Rat. Der Herausgeber der Zeitung erwies sich als äußerst verständnisvoll. Er erzählte Gita, dass es noch gar nicht lange her sei, seit er selbst eine Mutter mit ihrer Tochter zusammengebracht habe. Der Vater dieses Mädchens hatte sie vor vielen Jahren einfach mit nach Pakistan genommen, und seine Frau, die Mutter des Kindes, in Hyderabad zurückgelassen. Als die Tochter erwachsen war, habe sie sich in einer verzweifelten E-Mail an ihn gewandt, um ihre Mutter ausfindig zu machen. Kaum war dieser Suchaufruf in der Siasat veröffentlicht worden, hätte sich die Mutter der jungen Frau bei der Zeitung gemeldet. Und inzwischen seien die beiden wenigstens per E-Mail wieder vereinigt.

Also verfasste Gita einen Zeitungartikel, der am 22. Dezember 2004 in der Zeitung Siasat samt Fotos von Yusuf

Bi und mir erschien. Ein freundlicher Mann, der in der Nähe von Yusuf Bis Haus einen Laden hatte, las ihn am frühen Morgen. Er erkannte sofort das Bild seiner Nachbarin und ging zu ihr, um es ihr zu zeigen.

»Hast du eine Enkelin«, fragte er, »die im St. Theresa's Hospital zurückblieb?«

Yusuf Bi staunte nicht schlecht, als sie ihr eigenes Foto in der Zeitung sah. »Ja«, sagte sie, »meine Tochter Fatima hatte ein Kind. Und die Schwestern nahmen es ihr weg. Sie wohnt aber nicht hier, sondern mit ihrem zweiten Ehemann in Girinagar«.

Der Ladenbesitzer ließ sich die Adresse geben und machte sich sofort auf den Weg nach Girinagar. Er erfuhr, dass Fatima bei der Arbeit war und keiner so genau wusste, wo das war, denn Fatima arbeitete für fünfzehn verschiedene Haushalte. Was für eine unglaublich fleißige Frau! Also ging der Ladenbesitzer von Haus zu Haus und fragte sich durch. Schließlich fand er Fatima, zeigte ihr das Bild ihrer Mutter in der Zeitung und das von mir und las ihr den Artikel vor, da sie nicht lesen konnte. Fatima konnte es kaum glauben. Nach all diesen Jahren sollte sie Nachricht von ihrer verschollenen Tochter erhalten? Denn ganz im Gegensatz zu all dem, was Schwester Teresa je gegenüber mir und meinen Adoptiveltern geäußert hatte, wusste Fatima nicht, in welches Land ich gebracht worden war.

Fatima ließ alles stehen und liegen und folgte dem Ladenbesitzer und Nachbarn ihrer Mutter, um mit ihm nach Moosapet zu kommen. Gemeinsam mit Yusuf Bi betrat sie noch am selben Tag um vierzehn Uhr die Redaktion der Siasat.

Sofort versuchte der Redakteur Gita telefonisch zu erreichen. Als er sie drei Stunden später am Hörer hatte, eilte sie so schnell es ihr möglich war nach Moosapet. Sie konnte es kaum erwarten, Fatima kennenzulernen.

Gita erkannte meine Großmutter Yusuf Bi sofort von den beiden Fotos, die sie von deren früheren Nachbarn erhalten hatte. Und auch zwischen Fatima und mir erkannte Gita eine große Ähnlichkeit. »Fatima ist eine kleinere, dünnere und dunklere Version von Anisha«, schrieb sie später in ihrem Bericht, »aber die Ähnlichkeit springt sofort ins Auge.«

Das Erste, was Fatima Gita fragte war: »Wo ist meine Tochter?«

Und Gita erklärte ihr, dass ich sehr weit weg lebte. Wie groß diese Entfernung tatsächlich ist, konnte und kann sie sich wahrscheinlich gar nicht vorstellen.

»Wann kann ich sie sehen?«, war ihre nächste Frage.

»Du musst Geduld haben«, antwortete ihr Gita sanft, »sie lebt wirklich sehr, sehr weit weg.«

»Aber wann kann ich sie sehen?«, wollte Fatima verzweifelt wissen.

Während dieses Treffens, so berichtete mir Gita, stellte Fatima diese Frage insgesamt neun Mal...

Das Zusammentreffen von Fatima, Yusuf Bi und Gita in der Redaktion der Siasat war ein großes Ereignis, und alle Angestellten der Zeitung nahmen Anteil daran. Auf dem Flur drängten sich die Menschen, und alle wollten die Geschichte hören. Jemand brachte Chai, ein anderer Mittagessen, und gerührt von der traurigen Geschichte, die Fatima unter vielen Tränen mehrmals erzählen musste, sammelten die Angestellten Geld und überreichten Fatima am Ende des Tages eintausend Rupien. Selbst Gita war überwältigt von dieser Form der Solidarität, von der gemeinschaftlichen Empörung über das, was Fatima angetan worden war, und dem Mitgefühl dieser Menschen.

Wie gerne wäre ich an diesem Nachmittag mit dabei gewesen, hätte meine leibliche Mutter und meine Großmutter mit eigenen Augen gesehen. Wie gerne hätte ich mit meinen eigenen Ohren die Geschichte gehört, die ich nun schon so oft und in immer unterschiedlichen Versionen gehört hatte: die Geschichte meiner Geburt und dem Danach, so wie Fatima sie erlebt hatte. Die Geschichte, die mir endlich ein Stückchen Wahrheit lieferte, so viel eben, wie Fatima wusste. Ein Stückchen Wahrheit, das Antworten gab auf meine brennenden Fragen, und mir bewies, dass dieses unbestimmte Gefühl, das ich all die Jahre mit mir herumgetragen hatte, das Gefühl nämlich, dass etwas »nicht stimmt«, richtig gewesen war.

Was Fatima an diesem Nachmittag erzählte, klang anders als alles, was ich zuvor über meine Geburt und Adoption gehört hatte.

Fatima war achtzehn, als sie Pasha heiratete. Schon kurze Zeit danach wurde sie schwanger. Hatte sie als Braut noch die Hoffnung gehegt, eine glückliche Ehe einzugehen, so sah sie sich schon nach wenigen Wochen der bitteren Realität gegenüber. Pasha behandelte sie alles andere als gut. Er weigerte sich, sie zu unterstützen, und er schlug sie sogar. Sie musste einsehen, dass er sich nicht ändern und die Situation sich nicht verbessern würde, dass sie selbst für sich und das ungeborene Leben in ihr sorgen musste und sie von Pasha niemals etwas anderes erwarten konnte als Schläge. Und so trennte sie sich nur wenige Monate nach der Hochzeit wieder von ihm und fand mit der Hilfe ihrer Mutter eine Stelle als Haushälterin bei einer wohlhabenden Sikh-Familie in Banjara Hills, einem der teuersten Viertel Hyderabads.

Dort war Fatima bald unentbehrlich, die Familie schätzte sie, und als die Zeit der Niederkunft gekommen war und abzusehen war, dass es keine leichte Geburt werden würde, brachte man meine Mutter in das St. Theresa's Hospital. Dort diagnostizierten die Ärzte eine Querlage, ein Kaiserschnitt war unumgänglich. Inzwischen lag Fatima bereits in starken Wehen. Es war der 28. September 1990, als ich per Kaiserschnitt auf die Welt geholt wurde. Meine Mutter gab mir den muslimisch-arabischen Namen Farzana.

Als Fatima wieder bei Bewusstsein war, erklärte ihr Schwester Teresa, dass sie für die Entbindung, den Kaiserschnitt und die Behandlung insgesamt 20 000 Rupien zu bezahlen habe. Fatima fiel aus allen Wolken, diese Summe war weit mehr als das, was sie in einem Jahr verdiente. Sie erklärte, dass sie diesen Betrag nicht aufbringen könne, 1500 Rupien seien das Äußerste, was ihr möglich wäre. Und das auch nur, wenn ihr Arbeitgeber ihr noch etwas Geld leihen würde.

»Warum lässt du das Kind nicht bei uns?«, schlug Schwester Teresa auf einmal mitten in dieser Diskussion vor.

Fatima war irritiert – was wollte die Nonne mit dem Kind?! Da dieser Gedanke für sie überhaupt nicht infrage kam, ging sie mit keinem Wort auf diesen Vorschlag ein.

Fatimas Arbeitgeber unterstützte Fatima und schickte 1500 Rupien an das Krankenhaus, und meine Mutter verließ die Klinik mit mir auf dem Arm. Zuerst, so erzählte sie, gewöhnte ich mich nur langsam an die Brust. Im Krankenhaus war ich mit der Flasche gefüttert worden und ihre Milch floss noch nicht, doch nach einer Weile ging es mit dem Stillen ganz gut.

Ungefähr zwei Wochen nach ihrem Krankenhausaufenthalt tauchte eines Tages überraschend Besuch im Haus der Sikh-Familie in Banjara Hills auf. Es war Schwester Teresa mit einigen Leuten in ihrem Gefolge. Sie war gekommen, um die fehlenden 18 500 Rupien für die Entbindung einzufordern. Doch natürlich hatte meine Mutter diese unglaublich horrende Summe auch jetzt nicht. Daraufhin stellte Schwester Teresa sie vor eine Entscheidung: Entweder sollte Fatima das geforderte Geld bezahlen oder ihr ihre Tochter überlassen. Fatima weigerte sich energisch, mich herzugeben, es kam zu einem heftigen Streit.

»Auf einmal«, so erzählte meine Mutter später unter Tränen, »zog sie mir einfach das Kind vom Arm. Ich konnte nichts tun. Und dann waren sie fort.«

Es war kurz vor Weihnachten, der 22. Dezember 2004. Während Gita im fernen Südindien meine Mutter und meine Großmutter getroffen hatte, bereiteten wir uns in Deutschland auf das Weihnachtsfest vor. Noch am selben Abend rief Gita Frau Knuth an und erzählte ihr, dass sie Fatima gefunden habe. Kurz darauf läutete bei uns zu Hause das Telefon. Ob sie bitte Anisha sprechen könnte, fragte Frau Knuth höflich meinen Vater. Der reichte mir den Hörer.

»Gita hat deine Mutter gefunden«, hörte ich sie sagen. »Und weißt du was? Sie wollte dich überhaupt nicht hergeben.«

99,99 Prozent Gewissheit

Die Stimme von Frau Knuth im Ohr glaubte ich zu träumen. Zunächst fühlte ich gar nichts, weder Freude noch Erstaunen, kein Entsetzen, einfach nichts. Es kam mir surreal vor. Außerdem hatte ich jetzt ein ganz anderes Problem, denn meine Eltern hatten keine Ahnung, dass ich Gita gebeten hatte, nach Fatima zu suchen. Meine Eltern – vor allem meine Adoptivmutter – hatten mir streng verboten, in dieser Sache weiter nachzuforschen, und auch den Kontakt zu Arun und Gita hatten sie mir unter dem Einfluss von Schwester Teresa untersagt. Aber nun musste ich es ihnen erzählen. Und ich hatte schreckliche Angst davor, wie meine Mutter reagieren würde.

Ich vertraute mich zuerst nur meinem Vater an, da ich wusste, dass er Verständnis zeigen würde. Die Ruhe, mit der er die Nachricht aufnahm, machte mir klar, dass er im Grunde schon lange damit gerechnet hatte, dass man Fatima eines Tages finden würde. Er sprach mit meiner Mutter. Für sie schien die Sache klar zu sein, wenngleich auf andere Weise als für mich: Fatima sei eine Betrügerin. Eine arme Inderin, die sich wer weiß was von dieser Geschichte erhoffte. Jedes ihrer Worte traf mich wie ein Peitschenhieb.

Ich sagte nicht viel während dieser Weihnachtstage. In mir war alles in Aufruhr. Gita hatte meine Mutter gefunden. Sie war endlich nicht mehr nur theoretisch vorhanden, sondern ein Wesen aus Fleisch und Blut. Immer wieder las ich Gitas Bericht, den mir Frau Knuth per Fax schickte. Ich las ihn, und doch konnte ich das Geschriebene nicht wirklich aufnehmen. Ich verschlang das Fax regelrecht, und doch drang das, was da stand, nicht wirklich zu mir durch. Meine Mutter war gefunden worden, und was jetzt? Darüber hatte ich mir nie Gedanken gemacht. Was um alles in der Welt musste ich jetzt tun? Was macht man, wenn man nach dreizehn Jahren endlich weiß, dass viele Tausend Kilometer entfernt die Frau lebt, die einen auf die Welt gebracht hat? Eine Frau, die man nicht kennt?

Während der Weihnachtsferien kam Gertraud Knuth zu Besuch, und sie riet uns, einen DNA-Test machen zu lassen.

»Dann habt ihr Gewissheit«, sagte sie, und erklärte uns, was man dafür tun muss. Ich war einverstanden, und mein Vater auch. ›Gewissheit zu haben‹, so dachte ich, ›ist wichtig.‹ Doch im Grunde wusste ich auch so, dass Gita meine wirkliche Mutter gefunden hatte. Meine Großmutter sah mir auf dem Foto, das Gita am Tag ihres Zusammentreffens von den beiden gemacht hatte, so ähnlich, dass es für mich einfach keinen Zweifel gab. Ihre Nase und ihre Lippen hatten die gleiche Form wie meine, und ich erkannte auf dem Bild eine Eigenart, die nur wenige Menschen haben: eine charakteristische, hellere Lippenumrandung, so als hätte die Natur eine Linie um die Lippen gezogen. Auch die Form der Wangenknochen verband mich mit Yusuf Bi. Meine Gesichtszüge ähnelten dem Gesicht meiner Großmutter mehr als dem meiner Mutter. Und doch erkannte ich auf dem Foto von ihr jene unverkennbar krause Stellen an den Schläfen, die auch ich manchmal nach dem Aufstehen habe, und die kreuz und quer abstehen, wenn man damit nichts anstellt.

»Es gab viele Details«, schrieb Gita in ihrem Bericht, »die ich nicht in die Zeitung gebracht hatte, weil ich Fatima selbst danach fragen wollte. Und als ich freundlich meine Fragen in das Gespräch mit Fatima einbrachte, erhielt ich zu allen stimmige Antworten. Es besteht deshalb absolut kein Zweifel, dass ich die richtige Fatima gefunden hatte, sie ist eindeutig Anishas Mutter. Um aber wirklich sicher zu sein, schickte ich jemanden nach Bonthapally, und die Menschen dort bestätigten alles. Mein Instinkt hat mich nicht getrogen. Ich habe nicht den geringsten Zweifel, dass Fatima Anishas Mutter ist.«

Außerdem erfuhr ich, dass Fatima eine Muslima war. Das überraschte mich nicht, denn seit wir ihren Namen kannten, lag das natürlich nahe. Sie gehörte zur niedersten Kaste der indischen Muslime, die Doodhekula genannt werden, das sind Konvertiten, die vormals Hindus waren und dort zur Kaste der Unberührbaren zählen. Auch wenn sie vom hinduistischen Glauben zum Islam übertreten, nehmen sie ihren niederen gesellschaftlichen Status mit und werden zu Doodhekulas.

So sicher Gita sich auch war – Frau Knuth hatte uns zu einem DNA-Test geraten, und auch mir war das recht. Denn würde ich erst einmal ein Papier in Händen halten, das Fatimas Mutterschaft eindeutig belegte, dann würde meine Adoptivmutter endlich Ruhe geben und sich den Fakten fügen.

Ich war verwundert, wie einfach es war, einen DNA-Test durchzuführen. Mein Vater suchte mit mir ein Institut in München auf, das auf solche Untersuchungen spezialisiert ist. Mir wurde ein wenig Speichel entnommen, der in ein spezielles Röhrchen gegeben und fest verschlossen wurde. Ein ebensolches Röhrchen wurde nach Hyderabad geschickt, wo Gita dafür sorgte, dass Fatima eine Speichelprobe abgab und entsprechende Dokumente und Einverständniserklärungen unterschrieb. Gita schickte Fatimas

Probe nach München, und dort wurden die beiden Proben analysiert und miteinander verglichen.

Und dann kam der Tag, an dem wir das Ergebnis abholen durften.

Ich war nervös, selbstverständlich, und doch war ich mir in meinem tiefsten Inneren sicher, dass es keinen Zweifel geben konnte. Die Fotos waren so aussagekräftig, ich musste eigentlich keine Angst haben. Aber wie das so ist in solchen Momenten, wenn die Situation dann da ist, hat man sie eben doch. Und so war ich nervös und aufgeregt und obwohl mir meine Seele zuflüsterte: »Sei dir gewiss«, vermischte sich mein sicheres Gefühl mit der Angst, doch enttäuscht zu werden und damit mit meiner Suche wieder am Anfang oder vielmehr im Nichts zu stehen.

Mein Vater fuhr mit mir nach München. Wir betraten das Institut, gingen in ein Büro, und dort wurde uns dieser ominöse Umschlag mit den Ergebnissen ausgehändigt. Ich nahm den Umschlag entgegen und ganz plötzlich durchflutete mich eine Woge von Emotionen, die ich überhaupt nicht einordnen konnte. Und dann war sie auch schon wieder verebbt, und eine innere Leere machte sich in mir breit, die mich ebenso sehr irritierte wie wenige Wochen zuvor, als ich erfahren hatte, dass Fatima gefunden worden war.

Schweigend gingen wir zum Ausgang zurück. Mein Vater bat mich, mit dem Öffnen des Umschlags noch kurz zu warten, während er auf der Toilette verschwand. Ich merkte, dass er dieses Erlebnis gerne mit mir teilen wollte. Doch ich konnte der Versuchung nicht widerstehen. Ich öffnete den Umschlag, faltete das Blatt mit dem Ergebnis darauf auseinander und sah erst mal viele Zahlen. Dann entdeckte ich aber ein bisschen tiefer auf dem Blatt jene Zahl, auf die es ankam: »99,998513 Prozent«, las ich, »aufgrund der vorliegenden Ergebnisse ist die Mutterschaft praktisch erwiesen.«

Von den vier Kästchen, die zur Auswahl standen, war das oberste mit »praktisch erwiesen« angekreuzt worden. Nicht »höchstwahrscheinlich«, »sehr wahrscheinlich« oder »ausgeschlossen«. Wieder fühlte ich nichts. So als hätte ich es gewusst, und eigentlich hatte ich das auch. Ich faltete das Blatt wieder zusammen und schob es zurück in den Umschlag, gerade noch rechtzeitig, ehe mein Vater zurückkam.

»Komm«, sagte er, »lass es uns im Auto anschauen.«

Ich nickte. Ihm zuliebe tat ich so, als würde ich den Umschlag zum ersten Mal öffnen. Doch insgeheim war ich dankbar für die zwei Minuten, in denen ich ganz allein für mich und unbeobachtet den Umschlag hatte öffnen und hineinschauen können. Ich war plötzlich sehr froh, dass mein Vater dabei war und niemand anderes. Er machte keine emotionale Sache daraus und blieb ganz sachlich. Das Angenehmste an ihm war: Er sagte nichts. Es war ganz still im Auto und in diesem wunderbaren Schweigen konnte jeder seinen eigenen Gedanken nachhängen. Ich wusste genau, wenn meine Mutter dabei gewesen wäre, hätte sie wie so oft sofort auf mich eingeredet und mir die Luft zum Atmen genommen. Mein Vater aber gab mir die Möglichkeit, das neue Wissen erst mal in mich aufzunehmen und sich setzen zu lassen, ohne in dieser hochemotionalen Situation gleich ein Gespräch zu eröffnen. Diesen Augenblick, der mir Gewissheit schenkte, hatte ich ganz für mich allein haben wollen. Es war ein Moment, der jenseits von allem stattzufinden schien, jenseits des Ortes, an dem ich mich befand, und der, wie ich mehr und mehr erfuhr, völlig zufällig war, denn statt meiner Eltern hätten mich auch, so glaubte ich damals jedenfalls noch, auch ein anderes Paar aus einem anderen europäischen Land oder aus den USA adoptieren können. Dieser Augenblick schien auch außerhalb des normalen Zeitgefüges stattzufinden, so als läge er noch weit vor meiner eigenen Geburt, und zwar damals, als ich im Bauch meiner Mutter begonnen hatte zu leben. Zu 99,99 Prozent stimmte meine DNA mit der Fatimas überein – das schuf eine unbegreifliche Verbindung über all die Kilometer und die verlorene gemeinsame Geschichte hinweg, die uns damals, als Schwester Teresa mich vom Arm meiner Mutter zog, gestohlen worden war. Und dennoch stand mir mein Adoptivvater, den ich mehr liebe als jeden anderen Menschen auf dieser Welt, so viel näher als jene fremde Frau, mit der ich so viel Erbmasse gemeinsam habe. Und so froh ich war, endlich Gewissheit über meine Herkunft zu haben, so verwirrend war das alles doch für mich.

Für meinen Vater und mich war nun also klar, dass wir meine leibliche Mutter gefunden hatten. Meine Adoptivmutter aber konnte das noch lange nicht akzeptieren. Auch als sie das Ergebnis des DNA-Tests schwarz auf weiß vor sich hatte, schien sie nicht bereit, die Fakten anzuerkennen. Sollte Fatima tatsächlich meine Mutter sein, davon war meine Adoptivmutter überzeugt, dann war sie eine Lügnerin. Entweder Schwester Teresa oder Fatima, eine von beiden musste die Unwahrheit sagen. Und meine Mutter vertraute Schwester Teresa noch immer blind; trotz allem, was passiert war.

Fatimas Geschichte hielt sie für eine Ausrede, die sie damit erklärte, dass es jeder Mutter im Nachhinein unangenehm wäre, wenn sie ihr Kind freiwillig weggegeben hätte. Es sei daher nur allzu verständlich, dass Fatima nun die Wahrheit verdrehe. Auch die Tatsache, dass Fatima gar keine anderen Töchter hatte, aufgrund derer sie keine dritte Tochter habe großziehen können – wie Schwester Teresa behauptet hatte –, brachte meine Mutter nicht davon ab, Teresas Version der Geschichte mehr Glauben zu schenken als Fatimas. Mir trat nun jedoch immer deutlicher vor Augen, welche Ausmaße die Illegalität des ganzen Adoptionsverfahrens angenommen und wie recht Arun Dohle mit seinen Äußerungen doch gehabt hatte. Und daraus folgte, dass diese Adoption illegal war, solange keine freiwillige Freigabeerklärung meiner Mutter vorlag. Mir kam es vor, als klammere sich meine Adoptivmutter an Schwester Teresas Version der Geschichte wie an einen Rettungsanker. Vielleicht aber war ihr bereits damals klar, dass wir noch lange nicht am Grund des Lügengespinstes angekommen waren. Ihre Angst davor, mich endgültig zu verlieren oder auf eine Lügnerin hereingefallen zu sein, war offenbar riesengroß. Leider konnte sie, wie so viele andere Adoptiveltern, nicht begreifen, dass es darum gar nicht ging. Hätte sie mich unterstützt und bestärkt, statt mir zu misstrauen und mich zu bekämpfen, hätte sie meiner Intuition und mir mehr vertraut, dann hätte sie gemerkt, dass ihre Angst vollkommen unnötig war. Ein Adoptivkind, das von seinen Adoptiveltern geliebt wird und sich gut behandelt fühlt, wird sie immer als Eltern empfinden. Eine leibliche Familie ist dann für alle eine Bereicherung und keine Gefahr.

Meinem Vater konnte ich später verzeihen, dass er mir während unseres Besuchs bei Schwester Teresa nicht besser beigestanden hatte. Denn auch wenn er lange Zeit nicht glauben konnte, was Frau Knuth, Arun und Gita uns zu erklären versuchten, war er dennoch mit mir zum Einwohnermeldeamt gefahren und hatte mich auch sonst bei meiner Suche unterstützt. Bis heute steht er mir mit Rat und Tat zur Seite und gibt mir mehr und mehr das Gefühl zurück, dass ich ihm vertrauen kann. Meine Adoptivmutter dagegen hatte weiterhin Schwierigkeiten, die neuen Fakten anzuerkennen, denn sie ahnte, dass das Fundament, auf dem meine Eltern seit fünfzehn Jahren unser Leben aufgebaut hatten, gewaltig ins Wanken kommen würde, wenn wir akzeptierten, dass Fatimas Geschichte stimmte.

Man kann sich fragen, warum Fatima ihr Kind damals nicht zurückforderte und warum sie nie zur Polizei gegangen war. Es ist Gitas Bericht, der auch auf diese Fragen Antwort gibt. Insgesamt drei Mal war es Fatima gelungen, das Krankenhaus zu betreten und bis zu Schwester Teresa vorzudringen. Sie wollte wissen, wo ihr Kind geblieben war, und forderte es von der Schwester zurück. Jedes Mal wurde sie brüsk zurückgewiesen, und beim dritten Mal griff Teresa zum Telefon und drohte, sie würde die Polizei rufen, sollte Fatima nicht auf der Stelle verschwinden und nie wiederkommen. Fatima wollte sich nicht von ihr einschüchtern lassen, doch als ihre mächtige Gegnerin sich tatsächlich mit der Polizei verbinden ließ, bekam sie es mit der Angst zu tun und floh nach Hause. Denn leider ist es so, dass arme Menschen wie meine Mutter in Indien wenig Gehör vor der Obrigkeit finden. Steht Aussage gegen Aussage, dann wird mit Sicherheit einer angesehenen und gut vernetzten Ordensschwester eher geglaubt als einer einfachen Hausangestellten. Sogar mein Vater Pasha sprach bei Schwester Teresa vor, um sein Kind zurückzufordern, doch auch er wurde von ihr bedroht und weggejagt. Danach ließ man Fatima nicht mehr auf das Krankenhausgelände. Noch viele Male stand sie dort am großen Tor, um vielleicht einen Blick auf mich zu erhaschen. Möglicherweise war sie ja auch dort, als meine Adoptiveltern mich im Krankenhauspark spazieren fuhren... Irgendwann hatte Fatima dann aufgegeben und war nach Bonthapally zurückgekehrt. Sie sagte, ihr Leben wurde leer, nachdem sie mich verloren hatte. Sie weinte viel, so wie es die Nachbarn beschrieben hatten. Es dauerte Jahre, bis sie sich damit abfand, ihre Tochter nie wiederzusehen. Erst neun Jahre nach meiner Geburt ließ sie sich offiziell von Pasha scheiden. Sie heiratete erneut, einen Mann namens Mastan, und zog mit ihm in eine andere Gegend.

Fatima versuchte, mit der Vergangenheit abzuschließen. Gemeinsam mit ihrem zweiten Mann, der ein guter und freundlicher Mensch ist, wollte sie nun endlich eine Familie gründen. Doch Fatima wurde nicht wieder schwanger. Als sie Gita das erzählte, ließ diese Fatima von ihrem Gynäkologen untersuchen, und dabei wurde festgestellt, dass sie sterilisiert war. Da Fatima außer während ihres Aufenthalts im St. Theresa's Hospital aus Anlass meiner Entbindung niemals in gynäkologischer Behandlung gewesen war, deutet vieles darauf hin, dass sie damals, als ich mithilfe eines Kaiserschnitts zur Welt kam, – absichtlich oder unabsichtlich – sterilisiert worden war. Erneut holte die Vergangenheit Fatima ein.

Meine Adoptivmutter wollte von all dem kein Wort glauben. Es war ihr offenbar unmöglich, der Ordensfrau, mit der sie nur Gutes erlebt haben wollte, so viel Bosheit zuzutrauen. Unser Verhältnis wurde durch die neuen Erkenntnisse immer schlechter. Heute denke ich, es war auch für sie eine schwierige Zeit, eine Herausforderung, der sie sich auf ihre Weise stellte – sie kämpfte. Auch ich durchlebte ein Wechselbad der Gefühle. So lange hatte ich mir gewünscht, meine Mutter zu finden – und jetzt?

Ich sollte mich freuen, das erwarteten alle von mir. Doch ich freute mich nicht. Ich hatte mir über die Jahre angewöhnt, meine tiefen Emotionen zu verbergen, weil sie mich angreifbar und verletzlich machten, man konnte sie gegen mich verwenden. Sorgfältig verbarg ich, was ich fühlte, bis ich mich eines Tages überhaupt nicht mehr wirklich freuen konnte. Gemeinsam mit meinen Vereinskolleginnen fuhr ich zu Turnieren, ertanzte mit ihnen den Bayerischen und Deutschen Meistertitel, ja, wir wurden sogar Europameisterinnen. Wenn sich die anderen freuten und feierten, freute ich mich auch, und dennoch fühlte ich mich innerlich immer irgendwie leer. So, wie ich mich nicht wirklich freuen konnte, als der DNA-Test positiv ausgefallen war. Da war keine Freude gewesen, eher eine Erkenntnis. Ein Schattenbild wurde jetzt zu einem Lichtbild. Eine Lücke hatte sich geschlossen. Aber ich wusste noch nicht, was es war, das diese Lücke nun geschlossen hatte. Und was nun genau in dieser Lücke für mich verborgen war, das wusste ich auch noch nicht.

»Wann kommst du?«, fragte mich Fatima in jedem ihrer Briefe. Aber diese Antwort musste ich ihr schuldig bleiben. Es war unmöglich für mich, nun auf der Stelle nach Indien zu fliegen. Da war die Schule, und je schlimmer die Situation zu Hause wurde, desto wichtiger wurde mir ein guter Schulabschluss, um so schnell wie möglich auf eigenen Beinen stehen zu können. Auch fehlte mir das Geld, um nach Indien zu reisen. Ich war vierzehn, und eine so weite Reise ohne meine Adoptiveltern kam nicht infrage. Um keinen Preis aber wollte ich Fatima gemeinsam mit ihnen zum ersten Mal treffen. Nicht, dass sie so etwas vorgeschlagen hätten. Aber mir war klar geworden: Das nächste Mal wollte ich alleine nach Indien reisen oder zusammen mit Menschen, die mich verstanden und gleichzeitig nicht selbst in diese Geschichte verstrickt waren und – wenn auch ohne sich dessen bewusst zu sein – damit ihre eigenen Interessen verfolgen würden.

Wenn ich ganz ehrlich zu mir war, dann wollte ich zu diesem Zeitpunkt auch noch gar nicht nach Indien zurückkehren. Ich war zwiegespalten, ein Teil in mir wollte meine Mutter treffen, und ein anderer nicht. Dieser Teil wusste, dass ich noch lange nicht reif dafür war, nach all den schrecklichen Dingen, die geschehen waren, meiner leiblichen Mutter gegenüberzutreten. Die Naivität, mit der ich nur ein Jahr zuvor nach Indien gereist war, mein ungestümes Suchen und Fordern waren wie weggeblasen. Indien hatte mir auf unserer Reise zwei extreme Gesichter gezeigt: das verführerische, warmherzige, bunte, leidenschaftliche Antlitz dieses faszinierenden Landes, und die ungeschönte, grausame Fratze eines entwürdigenden Menschenverständnisses, in dem Menschen niederer Herkunft nichts wert sind und kleine Babys wie Waren behandelt werden, nur um einen Markt zu befriedigen. Ein Land, in dem die Suche nach der Wahrheit auf eiskalte Mauern aus Arroganz und Machtmissbrauch stößt.

Und Fatima? 99,99 Prozent genetische Übereinstimmung, und doch so fremd. Sie sprach Telugu, Urdu und gebrochen Hindi, aber so gut wie kein Englisch. Nicht, dass meine Englischkenntnisse berauschend gewesen wären, doch wie es aussah, gab es keine Sprache, in der wir direkt und ohne Übersetzer miteinander kommunizieren konnten. Gita machte mir klar, dass Fatima eine Nachricht von mir ersehnte und dass sie diese auch verdient habe. Aber was sollte ich meiner Mutter schreiben, wenn ich sie doch gar nicht kannte? Einer Frau, von der ich mir kaum die Lebensumstände und den Alltag vorstellen konnte? Von der ich nicht wusste, was sie isst, wo sie schläft, woran sie denkt?

»Sie denkt natürlich an dich!«, antwortete mir Gita, der ich meine Fragen und Zweifel geschildert hatte. Diese Worte berührten mich so tief, dass ich den Mut fand, meinen ersten Brief an Fatima zu schreiben. Es wurde ein ganz einfacher, simpler Brief, und dennoch, oder vielleicht gerade deswegen, brauchte ich eine Ewigkeit dafür. Kompliziertes Denken war nicht nötig bei Fatima, aber inzwischen fiel es mir schwerer, mein Herz zu öffnen, als komplizierte und hundertfach abgewogene Sätze zu formulieren. Fatima und ich hatten noch keine gemeinsame Geschichte, außer der ersten vierzehn Tage meines Lebens, und das machte alles ganz einfach und gleichzeitig auch sehr schwierig.

Und so bemühte ich mich, meine Gefühle in einfache Worte zu fassen. Ich wusste, sie würden zweimal übersetzt werden, ehe meine Mutter sie lesen würde. Ich schickte ihr auch Fotos, die sie ungeheuer freuten und die sie, wie ich später erfuhr, wie Schätze aufbewahrte. Und eines Tages schrieb ich ganz am Ende eines Briefes: »Ich hab dich lieb.«

Die mühevolle Arbeit des Erwachsenwerdens

Es war eine Zeit, die ich im Nachhinein als extrem intensiv und schwierig empfinde. Früher als meine Mitschülerinnen reifte ich zur jungen Frau heran, Jungs spielten auf einmal eine Rolle in meinem Leben, und ich verliebte mich zum ersten Mal. Ich traf mich oft mit einer ganzen Gruppe von Freunden, die mir wichtig waren. Das war immer noch schwierig, da mir meine Adoptivmutter nach wie vor so gut wie alles verbot. Sie hatte nach der Sache mit dem DNA-Test mit Schwester Teresa telefoniert, und die hatte ihr vorgehalten, dass sie viel zu nachsichtig mit mir umgehen würde. Sie war der Meinung, meine Adoptivmutter müsse sich mich nur mal richtig zur Brust nehmen, dann würde ich schon aufhören, Ärger zu machen. Sie könne nicht glauben, wie ich mich aufführte. Schwester Teresas Empörung über mein »freches« Verhalten schien meine Adoptivmutter in ihrer Strenge mir gegenüber nur noch zu bestärken.

Das neue Wissen um meine Adoption führte noch zu anderen Zerwürfnissen. Früher waren wir regelmäßig zu den Adoptionstreffen gefahren, bei denen sich all die Familien trafen, die Kinder über Schwester Teresa adoptiert hatten. Diese Einladungen blieben jetzt aus. Man wollte nichts mehr mit uns zu tun haben, und meine Adoptivmutter litt unter dieser Ächtung. So viele Jahre lang waren wir mit diesen Familien befreundet gewesen, und jetzt hätte ich dafür gesorgt, dass keiner mehr etwas mit meinen Eltern zu tun haben wollte – und mit mir, der »Nestbeschmutzerin«, schon gar nicht.

»Die haben doch nur Angst«, gab ich zurück, »dass ihre heile Welt ins Wanken gerät! Wenn sie sich nichts vorzuwerfen haben, dann brauchen sie uns auch nicht auszuschließen! Die wollen einfach nicht, dass ihre Kinder auch aus ihrem Dornröschenschlaf erwachen und anfangen, nach ihren richtigen Eltern zu fragen.«

Meine Mutter aber schien mir von nun an alles, was mit der Suche nach meinem Ursprung zu tun hatte, übel zu nehmen. Es kam mir so vor, als wolle sie Teresas telefonischen Ratschlag in die Tat umsetzen und mich noch strenger behandeln als je zuvor. Vor allem missbilligte sie alles, was ich mit meinen gleichaltrigen Freunden unternahm. Als einmal meine beste Freundin bei mir zu Hause anrief, während ich im Tanztraining war, nahm meine Adoptivmutter das offenbar zum Anlass, um ihr klarzumachen, dass ihr mein Umgang mit ihr nicht gefalle, da sie der Meinung sei, meine Freundin habe keinen guten Einfluss auf mich.

Um meine Grenzen immer noch enger zu ziehen, nutzte sie viele Mittel. Dieses enge Korsett aus Verboten und Geboten, in das ich mich durch meine Adoptivmutter eingeschnürt fühlte, nahm mir nach und nach die Luft zum Atmen. Ich erlitt einen Bandscheibenvorfall, hatte chronische Rückenschmerzen, sodass mir sogar das Tanzen, das seit so vielen Jahren mein Lebenselixier war, immer schwerer fiel. Es gab Momente, in denen ich darüber nachdachte, mir das Leben zu nehmen. Doch dann erinnerte ich mich wieder an meine Mutter Fatima und wie lange es gedauert hatte, bis sie endlich erfahren durfte, dass ich noch lebe. Wie konnte ich ausgerechnet jetzt, wo wir Kontakt miteinander aufgenommen hatten, mein Leben beenden wollen?

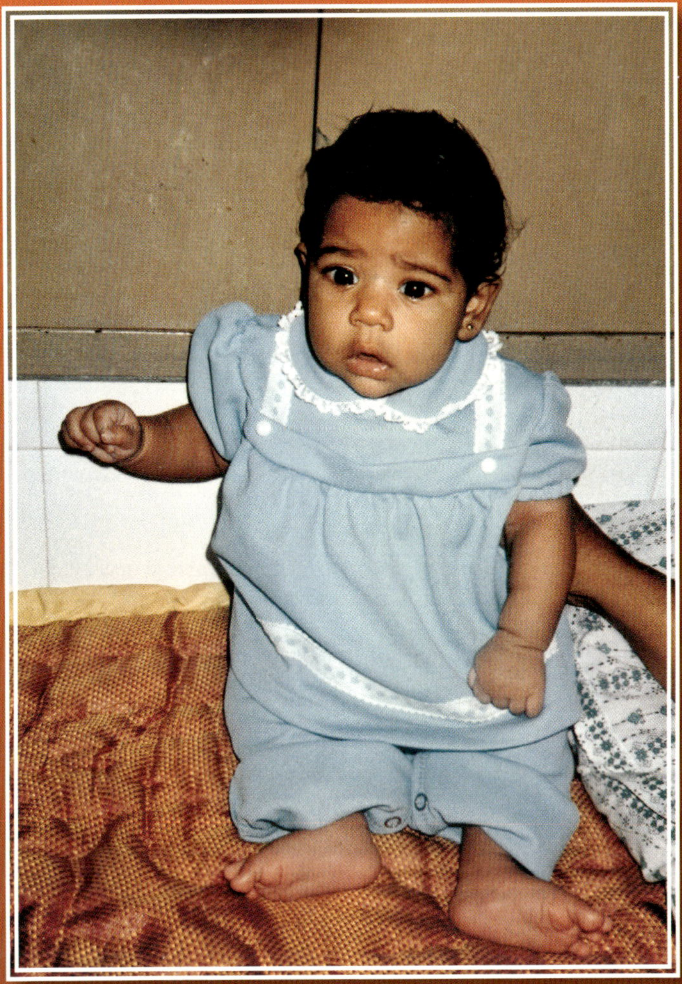

Eines der ersten Bilder, das meine Adoptiveltern von mir sahen

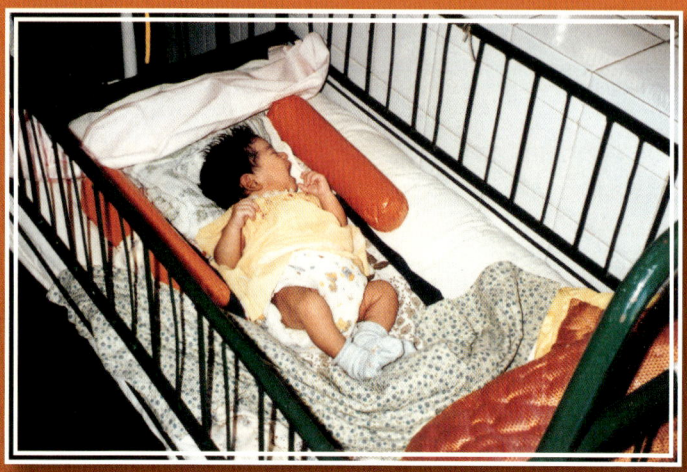

Ein weiteres der ersten Fotos, die meine Adoptiveltern erhielten

Anmerkung der Schwester auf der Rückseite des Fotos:
Anisha schaut auf den Kalender. Sie ist wahrscheinlich in Eile, nach Hause zu Mama und Papa zu kommen …

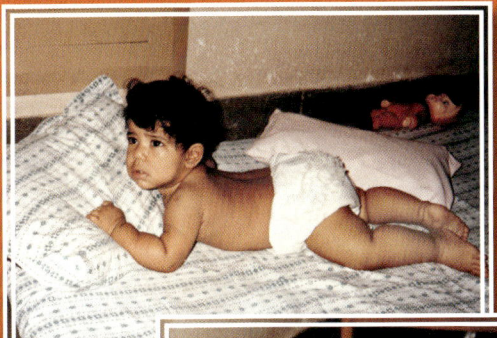

Hier bin ich gerade aufgewacht.

Ich war wohl ein kleiner Schreihals.

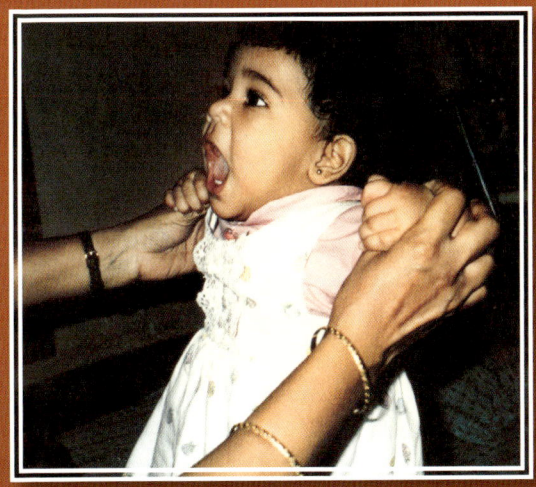

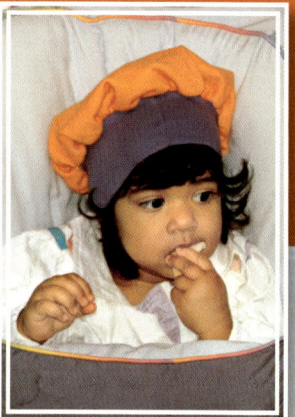

Meine erste Mütze von meinen neuen Eltern. Hier in Deutschland ist es kalt.

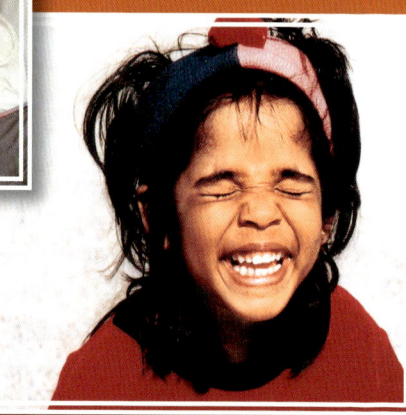

Große Freude, nachdem ich gerade mein erstes Fahrrad bekommen habe

1993 in Griechenland: Ich genieße die Sonne!

Zu Besuch bei meinen neuen Großeltern

Meine liebe Uroma und ich

Mein Papa und ich an der Nordsee, um meine Bronchitis zu mildern

Verträumt war ich schon immer.

Mein 1. Dirndl

Aufgeregt an meinem 1. Schultag 1997

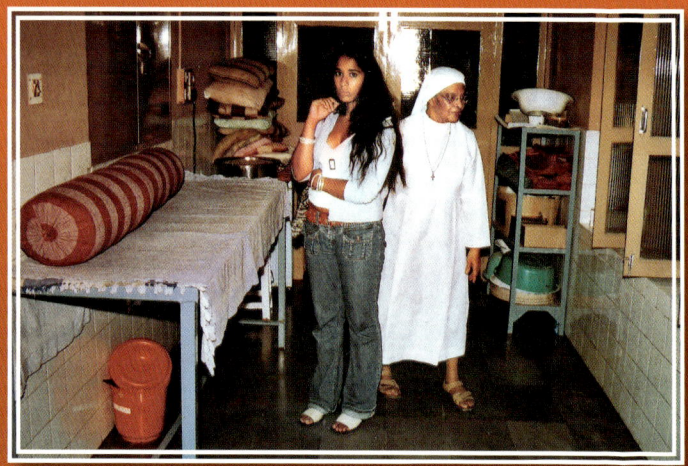

Beim ersten Treffen mit Schwester Theresa 2004: Mein Blick spricht Bände ...

Am Strand von Mumbai

Auf den Dächern meiner Heimat … Hyderabad

Mein Papa und ich am Tag meiner Firmung

18. Geburtstag in meinem indischen Lieblingsrestaurant

Die Menschenrechtlerin Gita Ramaswamy übersetzt meiner leiblichen Mutter Fatima meine Briefe.

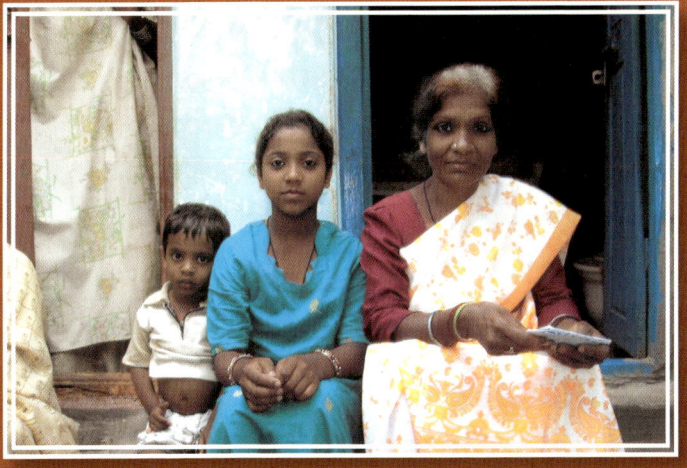

Meine Oma und meine Cousine lauschen Gita vor dem Haus meiner Mutter in Indien.

In einem Tanzkostüm

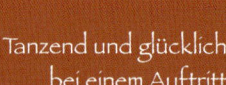

Tanzend und glücklich bei einem Auftritt

Mein zweites großes Hobby neben dem Tanzen: Reisen

Ein Herbsttag in der Heimat meines Vaters

Mein Papa und ich an einem Wintertag

Zwei Aufnahmen aus dem Sommer nach meiner ersten
Indienreise 2005

2011 beim Covershooting für mein Buch

Der Gedanke daran, dass es irgendwo auf der Welt einen Ort gibt, an dem ich wirklich willkommen sein könnte, und die Gewissheit, dass ein Selbstmord nach meinem christlichen Glauben eine der größten Sünden wäre, hielten mich damals am Leben. Ich betete viel, und mein Glaube wuchs von Tag zu Tag. Und auch das Wissen um meine indische Familie, die Hoffnung auf ein anderes Leben gaben mir immer wieder Kraft. Inzwischen wusste ich, dass meine leibliche Mutter nicht in einem der Slums von Hyderabad lebte. Sie war zwar arm, aber sie hätte mich großziehen können. Und das Wichtigste war, dass sie das auch gewollt hätte.

Ich habe in meinem Leben noch nie echte Not erfahren, und dennoch glaube ich, dass ich kein materieller Mensch bin. Und so dachte ich jedes Mal, wenn meine Adoptivmutter wieder einmal eine unschöne Bemerkung über Fatima und ihre Familie machte, trotzig: ›Na und, dann wäre ich eben arm. Vielleicht wäre ich dennoch glücklicher. Wer weiß das schon?‹

Heute weiß ich, dass ich damit ganz intuitiv recht hatte. Es scheint mir typisch für unsere westliche Gesellschaft, anzunehmen, dass wir die Kinder aus den armen Ländern der Welt »retten« müssen, indem wir sie in unsere Welt holen. Ganz selbstverständlich nehmen wir an, dass es ihnen dort, wo sie sind, in jeder Hinsicht schlecht geht. Auch die Medien führen uns immer wieder vor, wie schlimm es in den Slums aussieht und in welch miserablen Verhältnissen die Menschen dort leben. Unsere Reaktion darauf ist rein mechanisch, wir denken sofort: Das kann man doch keinem Kind zumuten, so aufzuwachsen. Dabei merken die wenigsten, wie arrogant und überheblich diese Haltung ist. Schließlich kann niemand, der nur das westliche Leben kennt, beurteilen, wie es diesen Menschen wirklich geht. Und letztlich sind auch wir, trotz unseres materiellen Reichtums, nicht ausnahmslos glücklich. Für mich zählte damals nur ein Gedanke: Wäre ich bei meiner Mutter aufgewachsen, dann hätte ich in Armut gelebt – aber ich hätte Liebe von ihr bekommen. Und ist das nicht das Wertvollste, was es gibt?

Zunächst war es mir nur wichtig gewesen, zu erfahren, wer meine Mutter ist. Erst als wir uns bereits einige Briefe geschrieben hatten und Fatima Fotos schickte von ihrer Mutter, ihrem Bruder und meiner Cousine, die ungefähr im selben Alter war wie ich, begriff ich, wie schön es war, in Indien eine richtige Familie zu haben. Und wieder war in mir ein großes Staunen darüber, dass sie alle dunkelhäutig waren! Natürlich war ich das auch, aber ich sah mich ja nicht ständig und an mein Spiegelbild war ich so gewöhnt, dass ich es nur selten wahrnahm. Außerdem sprach mich nie jemand auf meine Hautfarbe an, auch wenn um mich herum alle hellhäutig waren. Ich hatte mich daran gewöhnt zu denken, dass ich so aussehe, wie ich mich fühle: wie eine hellhäutige Europäerin, nur eben mit ein paar Besonderheiten. Aber natürlich war das nicht so.

Noch immer stand ich in Kontakt mit Arun Dohle, der mir eines Tages von einer Filmemacherin namens Golineh Atai erzählte, die sich für das Thema Auslandsadoption interessierte und gerade einen Beitrag über seine Geschichte machte. »Sie ist sehr nett«, sagte Arun, »vielleicht kannst du ja auch mal mit ihr zusammenarbeiten.«

»Ja«, sagte ich vage, »vielleicht.« Und hatte die Filmemacherin bald schon wieder vergessen.

Eines Tages meldete sich die Journalistin dann tatsächlich bei mir und schlug vor, einen Film über Fatima und mich zu machen. Sie wolle mit mir nach Indien reisen, um die Begegnung zwischen meiner leiblichen Mutter und mir zu dokumentieren. Die Kosten für die Reise würde der Sender übernehmen. Alles, was ich beisteuern müsste, wäre meine Zeit.

»Wir könnten es während der Schulferien machen«, sagte Golineh Atai. »An Weihnachten zum Beispiel.«

Vor meinen Augen drehte sich alles. Nach Indien! Mit einem Fernsehteam! Mein erster Gedanke war: ›Das darf ich nicht. Meine Adoptivmutter tut mir was an, wenn ich das mache.‹

Doch als ich länger darüber nachdachte, wurde mir klar, dass es darum gar nicht ging. Ich war innerlich noch nicht bereit, Fatima zu treffen. Und ich spürte, dass ich mich auf Indien nicht wirklich einlassen könnte, solange ich meine Adoptivfamilie noch nicht verlassen konnte. Ich war gerade einmal fünfzehn Jahre alt und fast täglich rechnete ich aus, wie lange ich noch durchhalten müsste, ehe ich von zu Hause ausziehen könnte. »Wenn ich erst einmal achtzehn bin...«, lautete damals mein magischer Satz. Doch noch musste ich ausharren. Drei Jahre erschienen mir damals als eine unendlich lange Zeit.

Und dennoch. So verführerisch der Gedanke war, nach Indien zu reisen und Fatima endlich kennenzulernen, erfüllte mich diese Vorstellung auch mit Panik. Aus Fatimas Briefen las ich so viele Erwartungen an mich heraus, so viele Hoffungen, die sie mit mir verband. Und dabei wusste ich doch gar nicht, ob ich diese Erwartungen auch erfüllen könnte. Und dann war da noch diese Angst, die ich mir lange nicht eingestehen wollte: die Furcht, Fatima könnte eine erneute Enttäuschung in meinem Leben werden. Denn auch ich setzte Hoffnungen in meine leibliche Mutter, so diffus sie auch waren. Wie auch immer unser

Zusammentreffen aussehen würde, ich wusste, dass ich eine Menge Kraft und Standfestigkeit brauche würde, um mich auf diese Begegnung einlassen zu können. Zu jener Zeit aber fühlte ich mich wie ein Bäumchen ohne Wurzeln, ohne Stand und ohne Grund.

Und darum sagte ich der Fernsehjournalistin, dass ich noch Zeit bräuchte. Dass ich mich noch zu jung fühlte für diese Begegnung.

»Kein Problem«, sagte sie zu meinem großen Erstaunen, »ich melde mich später wieder bei Ihnen. Was glauben Sie, wie lange wir warten sollten?«

»Bis ich achtzehn bin«, sagte ich ihr schlicht. Und bei mir dachte ich: ›Bis dahin hat sie mich sicher längst vergessen.‹

Um meinen Adoptiveltern zu zeigen, dass ich durchaus in der Lage war, für mich selbst zu sorgen, suchte ich mir einen Nebenjob. Durch das Austragen von Zeitungen wollte ich mein Taschengeld aufbessern. Meine Adoptivmutter allerdings war strikt dagegen – warum, das habe ich nie begriffen. Nur ein Verdacht reifte in mir heran: Wollte sie vielleicht mit allen Mitteln verhindern, dass ich mehr Selbstständigkeit erlangte?

Aber so schnell gab ich nicht auf. Wochenlang kämpfte ich darum, diesen Job machen zu dürfen. Schließlich gab meine Mutter nach. Wie groß war meine Enttäuschung jedoch, als ich feststellte, dass sie mir von nun an ab und an den Betrag, den ich monatlich verdiente, vom Taschengeld abzog.

In dieser Zeit schwoll unser Streitpotenzial wieder gewaltig an. Mein Vater zog sich immer mehr zurück, und ich hatte den Eindruck, dass es ihm völlig gleichgültig war, wie es mir ging. Natürlich stimmte das nicht. Erst vor Kurzem gestand er mir, dass es ihm damals jeden Tag davor gegraut hatte, nach der Arbeit nach Hause zu kommen, weil dort täglich ein neuer Kampf auf ihn wartete. In der Nähe unseres Hauses steht eine Bank im Grünen, und ehe er sich ein Herz fasste und in unser unschönes Familienleben eintauchte, setzte er sich dort heimlich jeden Tag für zwanzig Minuten hin, um sich innerlich zu wappnen. Es war wohl wirklich sein Herz, das zu dieser Zeit am meisten litt, denn kurz vor meinem fünfzehnten Geburtstag, im September 2005, erlitt mein Vater einen Herzinfarkt.

Ich werde nie vergessen, wie ich mitten in der Nacht von lauten Stimmen aus dem Tiefschlaf gerissen wurde. Noch völlig benommen tapste ich aus meinem Zimmer auf den Flur und sah dort einen Notarzt und Sanitäter. Im Schlafzimmer meiner Eltern wand sich mein Vater und schrie laut vor Schmerzen. Ich war so schlaftrunken, dass ich alles wie durch einen dichten Schleier wahrnahm, wie in einem Albtraum, der mit der Wirklichkeit nichts zu tun hat. Und ohne mir wirklich bewusst zu werden über das, was hier geschah, legte ich mich wieder ins Bett und schlief weiter. Später warf mir meine Adoptivmutter vor, wie herzlos und kalt ich doch sei. Und auch ich begreife bis heute nicht, wie ich in dieser Situation einfach wieder einschlafen konnte.

Wenn ich an diese Nacht zurückdenke, muss ich mich zusammenreißen, um nicht immer noch starke Schuldgefühle zu verspüren. Denn am Abend zuvor war etwas geschehen, was ich mir davor nie hätte vorstellen können: Zum allerersten Mal hatte ich meinen Vater derart angeschrien. »Warum lässt du mich immer so im Stich?«, brüllte ich unter Tränen. Immer war er so gelassen, ganz egal, wie schlecht es mir ging, so als interessiere es ihn überhaupt nicht. Wie konnte er seit Jahren einfach so dabei zusehen, wie meine Adoptivmutter mir das Leben zur Hölle machte? Wieso wies er sie nicht in ihre Schranken, warum bezog er nicht ein einziges Mal Stellung?

Ich war zu jung, um zu begreifen, wie sehr auch er unter der Situation litt. Er war immer so ruhig geblieben. Konfrontationen versuchte er sachlich zu lösen, und wenn das nicht möglich war, dann ging er ihnen aus dem Weg.

Zwischen meiner Adoptivmutter und mir aber gab es keine sachlichen Lösungen, und aus dem Weg gehen konnten wir uns auch nicht. Im Gegenteil, sie versuchte alles, um mich so eng wie möglich an sich und das Haus zu binden. Sie schränkte meine Ausgehzeiten ein und auch die Stunden, die ich mit meinen Freunden verbringen durfte, waren knapp bemessen. Bei jeder sich bietenden Gelegenheit verbot sie mir, mein Fahrrad zu benutzen. Wodurch sich natürlich viele meiner Verabredungen von vornherein erübrigten, denn zu Fuß oder mit der Bahn waren die meisten Wege viel zu weit, als dass ich sie in der von ihr zugestandenen Zeit hätte zurücklegen können. Wenn ich länger wegblieb als vereinbart, dann verlängerte sich mein Fahrradverbot. Und so ging es immer weiter.

Nachdem mein Vater den Infarkt erlitten hatte, gab meine Mutter mir sogar zu verstehen, dass auch ich Schuld daran trüge. Dieser Gedanke quälte mich, und ich machte mir selbst die größten Vorwürfe. Inständig betete ich dafür, dass sich mein Vater bald wieder erholen würde.

Immer wieder suchte ich Zuflucht bei der Mutter meiner Freundin in unserer Nachbarschaft, die beim Jugendamt arbeitete. Damals, als mein Vater den Herzinfarkt hatte, sagte sie zu mir:

»Vielleicht solltest du von zu Hause ausziehen?«

Ich sah sie erstaunt an.

»Ausziehen? Ja geht das denn? Ich bin doch erst fünfzehn...«

Daraufhin erklärte sie mir, dass das in besonderen Fällen, und meinen zähle sie dazu, durchaus möglich sei. Ich müsse allerdings das Jugendamt einschalten, dann gäbe es verschiedene Lösungen. Seit vielen Jahren kannte sie mich und meine Situation. Wenn ich von der Schule kam, bekam ich bei ihr ein warmes Essen. Und immer wieder hatte ich ihr anvertraut, wie es bei uns zu Hause zuging. Sie war einer der ganz wenigen Menschen, die wirklich wussten, was sich bei uns abspielte. Zu Hause ausziehen? Das war wirklich ein verlockender Gedanke.

»Das kann ich nicht machen«, sagte ich schließlich und seufzte, »nicht jetzt. Mein Vater hatte gerade erst einen Herzinfarkt. Wenn ich jetzt ausziehe, kriegt er vielleicht noch einen.«

Wir hatten alle große Angst um meinen Vater. Er war durch seinen eigenen Vater, der an seinem zweiten Herzinfarkt gestorben war, genetisch vorbelastet. Und nicht nur meine Adoptivmutter, auch ich fürchtete, dass es ihm genauso gehen könnte.

Und doch. Auf einmal war da diese Möglichkeit aufgetaucht, wie ich der unerträglichen Situation zu Hause entkommen könnte. Und sie schien mir sehr viel realistischer zu sein als die Flucht zu meiner Familie nach Indien, die ich mir hin und wieder in meinen Träumen ausmalte.

Zu dieser Zeit wurde es immer schwieriger für mich, den Briefwechsel mit Fatima aufrechtzuerhalten. Komplizierte Dinge konnte ich ihr nicht schreiben, da meine richtige Mutter wenig bis gar nichts über die Welt wusste, in der ich lebte. Mit meinen Problemen zu Hause wollte und konnte ich sie nicht belasten, und so saß ich immer häufiger vor einem leeren Blatt Papier und zerkaute einen Stift nach dem anderen, ohne etwas niederzuschreiben.

In meinen ersten Briefen hatte ich sie alles Mögliche gefragt: welche Verwandten ich hatte, wie sie aussahen, was sie machten. Sie hatte mir Fotos von sich und ihrer Familie geschickt und ich war überglücklich gewesen. Nach einer Weile begann ich, in meinen Briefen vorsichtig die Vergangenheit anzusprechen. Ich fragte nach, wie es damals gewesen sei, als sie mich verloren hatte. Doch auf viele meiner Fragen erhielt ich keine Antworten. Wurden sie nicht richtig übersetzt? Wollte oder konnte meine Mutter nicht darüber reden, was damals geschehen war? Immer wieder fragte ich, wie Fatima mit Nachnamen hieße, denn eine Weile lang spielte ich auch mit dem Gedanken, ihren Namen anzunehmen. Doch nie erhielt ich darauf eine Antwort. Stattdessen stellte sie mir immer wieder dieselbe Frage: »Wann kommst du hierher?«

Viel später erst sollte ich erfahren, dass die Menschen in der Kaste, zu der Fatima gehörte, gar keinen Familiennamen haben. Ich war fassungslos, als ich das hörte. So etwas hatte ich nie in Betracht gezogen. Wenn überhaupt, dann fügte man in der Kaste meiner Mutter den Namen des Vaters an den Vornamen. So würde ich also in Indien Anisha Pasha heißen, oder noch korrekter: Farzana Pasha, denn das war der Name, den mir Fatima gegeben hatte, ehe mich Schwester Teresa zu Anisha, die Morgenröte, umbenannt hatte.

Wahrscheinlich erhielt ich damals keine Antwort auf meine Frage, weil Fatima mit ihr überhaupt nichts anfangen konnte. Vielleicht erging es ihr mit anderen Fragen ähnlich. Sie wusste einfach nicht, was ich eigentlich meinte. Möglicherweise konnte sie nicht verstehen, dass mir solche Dinge wichtig waren. So wurde ich nach einiger Zeit müde, immer dieselben Fragen zu stellen, ich brachte es nicht fertig, nichtssagende Floskeln aneinanderzureihen, und etwas anderes fiel mir nicht ein. Wir wussten einfach viel zu wenig von der Welt der jeweils anderen.

Heute denke ich, dass es darauf möglicherweise gar nicht ankam. Vielleicht hätte ich geduldiger mit Fatima sein und ihr mehr Zeit lassen müssen. Vielleicht war es wirklich besser, diese ernsten Fragen nicht in Briefen, sondern bei einer persönlichen Begegnung zu besprechen. Eine bunte Karte mit ein paar Worten und neue Fotos hätten ausgereicht, um meiner Mutter eine Freude zu bereiten. Doch wie gesagt, ich war nicht daran gewöhnt, einfach zu denken und zu fühlen, für mich war das alles unendlich kompliziert. Und so wurden unsere Briefe mit der Zeit immer seltener.

Eine meiner Bitten, die ich ihr geschrieben hatte, zeigte aber tatsächlich eine große Wirkung. Denn ich wollte, dass Schwester Teresa endlich zur Rechenschaft gezogen wurde für das, was sie uns angetan hatte. Der Gedanke, dass sie noch immer ungestraft Müttern ihre Kinder wegnehmen und in den Westen verkaufen konnte, war mir unerträglich. In vielen meiner Briefe hatte ich Fatima gebeten, vor Gericht gegen Schwester Teresa zu klagen. »Es ist nicht zu spät«, schrieb ich, »dieses Unrecht muss gesühnt werden.« Und tatsächlich, am 12. September 2005, vierzehn Jahre nachdem ich ihr weggenommen worden war, reichte meine Mutter mithilfe von Gita und Arun Klage gegen Schwester Teresa Maria vom Orden Jesus Maria und Joseph, Leiterin des St. Theresa's Hospital in Hyderabad, ein. In dieser Anklageschrift beschrieb Fatima ausführlich, was damals geschehen war. Mich bewegten die Worte zutiefst, die meine Mutter Gita diktiert hatte.

In der Klage gegen Teresa forderte Fatima eine Art Wiedergutmachungszahlung. Man kann die gestohlenen Jahre dadurch natürlich nicht ersetzen, schon gar nicht mit Geld. Doch darum ging es im Grunde auch nicht: Vielmehr wollten Fatima, Gita und Arun die Machenschaften der Nonne entlarven. Der Zeitpunkt war günstig, denn es lag bereits eine Klage gegen Teresa vor und die Lizenz für die Vermittlung von Auslandsadoptionen war ihr vorläufig entzogen worden. Nun war es wichtig, das Gericht über einen weiteren Fall in Kenntnis zu setzen, in dem die Ordensfrau das Gesetz gebrochen hatte. Denn von ganzem Herzen wünschte ich mir, dass der von ihr veranlasste Kinderhandel gestoppt würde und ans Licht käme, was sich hinter der ehrenhaften Fassade dieser Frau wirklich verbirgt.

Ich bewunderte Fatima für diesen Entschluss sehr. Es bedarf einer Menge Mut, als einfache Frau ohne Schulbildung und aus armen Verhältnissen einen solchen Schritt zu tun und es mit Schwester Teresa aufzunehmen. Die Menschen, die Fatimas Kaste angehören, fürchten sich normalerweise davor, die Behörden einzuschalten. Mit dem Gericht will keiner etwas zu tun haben, und so war es umso erstaunlicher, dass sie es wagte, diesen Weg zu gehen.

Ich hatte allen Grund, stolz auf meine Mutter zu sein. Und ich freute mich darüber, weil ich wusste, dass sie die Klage auch mir zuliebe eingereicht hatte. So oft hatte ich sie in meinen Briefen darum gebeten. Fatima selbst lag nicht besonders viel daran, die alten Sachen wieder aufzurühren, und dafür hatte ich Verständnis, denn ich wusste, wie weh es tut, all das wieder aufzurollen.

Alles, was Fatima wollte, war, ihr Kind wieder bei sich zu haben. Sie konnte nicht verstehen, warum ich nicht sofort zu ihr kam und bei ihr leben wollte. Es war schwer für sie überhaupt nachvollziehen zu können, dass ich in Deutschland groß geworden war und mich dadurch völlig anders entwickelt hatte, dass ich nicht die Tochter war, zu der ich bei ihr geworden wäre. Darum war ihre Klage gegen Schwester Teresa auch ein immenser Liebesbeweis an mich. Ich weiß, dass sie sich all dem hauptsächlich mir zuliebe aussetzte.

Leider verlief Fatimas Klage im Sand. Ob bei der Sache Bestechung oder Einschüchterung im Spiel war – das weiß keiner von uns und bleibt Spekulation. Jedenfalls erschien die Anwältin, die Gita beauftragt hatte, nicht zur Verhandlung. Das Verfahren gegen Schwester Teresa wurde eingestellt. Wir waren alle maßlos enttäuscht.

Auch meine Fragen an Fatima verliefen im Nichts. Es war, als verhallten sie ungehört in der riesigen Entfernung zwischen München und Hyderabad. Und so kam es, dass ich nach und nach nicht mehr so oft an sie schrieb.

»Du kannst sie auch anrufen«, schrieb Gita. »Hier ist die Nummer des Ladenbesitzers gleich um die Ecke. Sie würde sich so freuen, endlich deine Stimme zu hören!«

Anrufen? Schon beim Lesen dieser Zeilen bekam ich Herzrasen vor Panik. Und gleichzeitig wunderte ich mich über mich selbst. Was war nur mit mir los? Hatte ich nicht Himmel und Hölle in Bewegung gesetzt, um Fatima endlich ausfindig zu machen? Und jetzt versetzte mich der Gedanke, mit ihr am Telefon zu sprechen, in Panik? Wenn ich heute daran denke und diese Zeilen lese, macht es mich im Grunde sehr traurig, denn ich kann inzwischen verstehen, wie sich meine arme Mutter gefühlt haben muss, als ich ihr meine Stimme verwehrte. Damals aber war ich einfach noch zu jung und unerfahren.

Ich versuchte Gita zu erklären, dass ich mich erst langsam an meine indische Familie herantasten wollte. Eine Stimme von jemandem zu hören ist etwas ganz anderes, als Briefe und Fotos zu erhalten. Ich hatte so fürchterliche Angst, dass ein Telefonat alles ändern könnte, weil auf einmal alles so real werden würde. Denn das begriff ich damals: Auch wenn ich nun die Identität meiner Mutter kannte, von ihr Briefe erhielt – die Gita für sie aufschrieb –, auch wenn ich sie auf Fotos sah, so richtig begriffen hatte meine Seele noch nicht, dass Fatima real war. Und genau das war es, wovor ich mich fürchtete: dass diese Realität mich mit sich reißen könnte, mich, die ich mir vorkam wie ein Blatt im Wind, jemand, der keine Wurzeln spürte und jeden Moment drohte, in Depressionen hinabzugleiten.

Ich fürchtete, dass ich mich in dem Leben, das ich kannte – auch wenn es oft fast unerträglich für mich geworden war – nicht mehr zurechtfinden könnte, dass ich nicht mehr wüsste, wo ich hingehörte, dass ich in Deutschland alles verlieren und in Indien nicht Fuß fassen würde. Und ich fürchtete mich davor, in der Schule abzusacken und mein Ziel, das Abitur zu machen und später zu studieren, nicht zu erreichen. Seit mir meine Adoptivmutter nach meiner allerersten Mathematikarbeit im Gymnasium prophezeit hatte, aus mir würde ohnehin nichts werden, steckte diese Angst so tief in mir, dass sie mir mitunter die Brust zuschnürte.

Ein Anruf kam für mich nicht infrage. Noch nicht. Ich versuchte, Gita meine Bedenken zu erklären, und bat sie, das auch Fatima verständlich zu machen. Ich wusste, dass das nicht einfach werden würde. Fatima wollte ihr Kind, das man ihr damals mit Gewalt vom Arm gezogen hatte, endlich wiedersehen. Und wenn sie mich schon nicht sehen konnte, dann wollte sie wenigstens meine Stimme hören. Sie wollte mir so nahe kommen, wie es irgendwie möglich war unter den gegebenen Umständen. Dass ihre Tochter nicht mit ihr sprechen wollte, konnte sie nicht nachvollziehen.

»Aber ich verstehe doch kein Urdu oder Telugu! Und sie kann kein Englisch«, sagte ich verzweifelt zu Gita. Ich wusste, dass das nach einer Ausrede klang. Fatima wollte meine Stimme hören. Das war alles. Doch ich brauchte einfach noch ein bisschen mehr Zeit.

Außerdem fühlte ich mich von Fatimas Wunsch zunehmend unter Druck gesetzt. Nun hatte ich Druck von beiden Seiten: meine Adoptivmutter machte mir Druck, und nun fühlte ich ihn auch noch, wenn auch auf ganz andere Weise, von Fatimas und Gitas Seite. In Indien und besonders in muslimischen Familien ist es so, dass Kinder, auch wenn sie erwachsen sind, zu tun haben, was die Eltern ihnen sagen. Das hört ein Leben lang nicht auf. Diesen Anspruch spürte ich – aber ich konnte und wollte ihn nicht erfüllen. Ich war anders groß geworden und sträubte mich nun gegen das Besitzdenken, das Fatima mir gegenüber zu entwickeln schien.

Fatima hat lange Zeit nicht verstanden, warum ich mich ihrem Willen nicht beugte, warum ich ihrem Wunsch nicht entsprach. Und ich hatte das Gefühl, dass sie mich nun, da sie mich wiedergefunden hatte, als eine Art Eigentum ansah. Dieser Gedanke war mir vollkommen unerträglich. Natürlich konnte Fatima nicht verstehen, dass ich mich in Deutschland ganz anders entwickelt hatte, als es der Fall gewesen wäre, wenn ich in Indien geblieben wäre. Denn sie kennt das Leben hier nicht und wird es wahrscheinlich nie verstehen.

Und so blieb es vorerst beim Briefeschreiben. In jedem ihrer Briefe bat sie mich, nach Indien zu kommen. Zwei Jahre lang wiederholte sie diesen Wunsch, wieder und wieder. Das machte für mich den Kontakt zu ihr anstrengend. Denn ich versuchte ihr in jedem meiner Briefe zu erklären, warum das nicht möglich war. Warum die Schule so wichtig für mich war. Doch im Grunde meines Herzens war mir klar, dass dies in Wahrheit nur eine Ausrede war. Auch ohne die Verpflichtung, zur Schule zu gehen, auch wenn mir jemand den Flug bezahlt hätte, auch wenn ich über Nacht fließend Urdu oder Telugu hätte sprechen können – ich wäre dennoch nicht nach Indien gereist. Nicht zu diesem Zeitpunkt. Ich war voll und ganz damit beschäftigt, erwachsen zu werden, und das war schwieriger, als ich es mir je hätte vorstellen können. Und ich ahnte, dass ich erwachsen und selbstständig sein musste und eine stärkere Persönlichkeit bräuchte, um Fatima und meiner frühesten Vergangenheit eines Tages entgegentreten zu können.

Die Eskalation

Zum Glück erholte sich mein Vater wieder von seinem Herzinfarkt. Er verbrachte einige Wochen in einem Rehabilitationszentrum, wo natürlich auch nach den Ursachen für seinen Infarkt geforscht wurde. Nicht nur die medizinisch-körperliche Ebene, sondern auch seine Lebensumstände wurden betrachtet, um herauszufinden, ob diese mit zu der Erkrankung geführt hatten. Eines Tages sprach ich meinen Vater darauf an, wie schlecht ich mich fühlte. Ich gestand ihm, dass ich mir nicht mehr zu helfen wisse, da meine Anfälle von Depression mir mehr und mehr zu schaffen machten.

»Was kann ich tun?«, fragte ich ihn voller Verzweiflung. Er besorgte mir einen Termin bei einem Psychologen.

Es war im Frühjahr 2007, ich war sechzehn Jahre alt, als ich mit einer Therapie begann, die auch heute noch nicht abgeschlossen ist. Es gibt so vieles, was ich mit mir herumtrage, und immer wieder kommen neue Themen aus dem Untergrund meiner Vergangenheit hoch. In meinen Partnerschaften bekam ich gespiegelt, wo meine wunden Punkte liegen: Ich kann es zum Beispiel kaum ertragen, von jemandem, den ich liebe, getrennt zu sein. Es dauert richtig lange, bis ich mich auf jemanden wirklich einlassen kann. Und wenn das passiert, dann lasse ich mich total fallen, binde mich emotional zu stark an diesen Menschen und finde keinen gesunden Abstand. Nun lernte ich die Gründe für dieses Verhalten verstehen. Denn Trennungen erlebte ich von Anfang an als traumatisch, schließlich war ich gerade mal zwei Wochen alt, als ich meiner Mutter entrissen wurde. Dann lebte ich bei den Nonnen und gewöhnte mich wahrscheinlich an jene Schwester, die sich am meisten um mich kümmerte. Im Alter von elf Monaten nahmen mich meine Adoptiveltern mit nach Deutschland und wieder ließ ich jemanden zurück, an den ich mich emotional gebunden hatte. Ich musste mich an eine völlig neue Umgebung gewöhnen, an meine Adoptiveltern, an das kalte Klima. So habe ich nie wirklich tiefe Wurzeln schlagen können, die mir Halt und Stütze geben und mich ohne fremde Hilfe fest stehen lassen. Die Gespräche mit dem Psychologen halfen mir, mich selbst und die Verhaltensmuster, in die ich immer wieder geriet, besser zu verstehen. Im Umgang mit meiner Adoptivmutter allerdings fand ich keine wirkliche Hilfe.

Im Nachhinein sehe ich klarer, was die Gründe für die Spannungen zwischen uns gewesen sein könnten. Bereits als ich viele Jahre zuvor so leidenschaftlich begonnen hatte zu lesen und die Harry Potter-Bände meinem Vater und mir so viel gemeinsamen Gesprächsstoff lieferten, fühlte sich meine Mutter wahrscheinlich schon ausgeschlossen. Auch fotografierte mein Vater gerne und liebte es, Bilder von mir zu machen. Jedes Jahr machte er einen neuen Kalender mit Fotos von Anisha, immer um dieselbe Zeit nahm er mich mit in den Nymphenburger Schlosspark und fotografiert mich an genau derselben Stelle, um mein Wachstum und meine Entwicklung zu dokumentieren. Ich erinnere mich gut daran, dass meine Mutter irgendwann einmal begann, sich darüber zu beklagen, dass er immer nur mich ablichtete und nicht sie.

»Wenn ich dich fotografieren will«, entgegnete er einmal, »dann hast du tausend Einwände, du trägst nicht die richtigen Kleider oder musst dich erst noch frisieren.

Und dann ist das Licht auch schon wieder weg, um ein gutes Bild zu bekommen. Mit Anisha ist es einfacher. Sie stellt sich einfach hin, lacht und fertig.«

Das war ja auch klar, ich war schließlich noch ein Kind, das sich wenig Gedanken machte, wie es später auf dem Foto aussehen würde. Sie dagegen war eine Frau. Auch ich bin heute schon längst nicht mehr so spontan, wie ich es als Kind gewesen bin.

An einem ganz normalen Nachmittag im Spätherbst 2007 passierte dann Folgendes: Mein Vater war bereits zu Hause und hatte sich hingelegt. Ich hatte meine Schularbeiten fertig – am nächsten Tag schrieben wir eine Deutscharbeit – und ruhte mich aus. Eben hatte ich geduscht, mir die Haare gewaschen, saß mit einem Handtuchturban auf dem Kopf und meiner Brille auf der Nase gemütlich auf dem Wohnzimmersofa und sah fern, als meine Mutter nach Hause kam. Normalerweise wäre ich sofort alarmiert aufgesprungen, hätte den Fernseher ausgeschaltet und wäre in mein Zimmer geflüchtet, doch an diesem Abend hatte ich dazu einfach keine Lust. ›Warum soll ich eigentlich immer kuschen?‹, dachte ich mir und blieb sitzen.

Obwohl sie nichts sagte, konnte ich deutlich spüren, wie sehr es sie ärgerte, mich einfach so in aller Ruhe dort sitzen zu sehen. Von unserem Wohnzimmer führte eine Treppe ins Obergeschoss zu einer Galerie, von der es in unsere Schlafzimmer ging. Meine Mutter ging nach oben, und als sie wieder nach unten kam, sagte sie, in meinem Zimmer sähe es fürchterlich aus. Ich solle sofort hinaufgehen und aufräumen.

Ich reagierte nicht. An diesem Tag hatte ich einfach keine Lust, mich von ihr schikanieren zu lassen. In meinem Zimmer sah es nicht fürchterlich aus, jedenfalls nicht, als ich es zuletzt gesehen hatte.

Hätte ich ahnen können, wie sehr die Situation eskalieren würde?

Ich möchte an dieser Stelle nicht in die Details gehen, möchte das, was damals geschah und was ich nie vergessen werde, nicht in allen Einzelheiten beschreiben. Wichtig ist nur, dass das, was sich an jenem Abend ereignete, der Auslöser für alles war, was danach geschah. Jahrelang hatte zwischen meiner Adoptivmutter und mir ein Konflikt geschwelt, der mir das Leben schwer gemacht hatte. An diesem Abend aber änderte sich etwas Entscheidendes: Zum einen nahm das Ausmaß unserer Auseinandersetzungen nochmals zu, zum anderen wurde mein Vater Zeuge dessen, was geschah. Denn bis dahin schien sie immer darauf bedacht gewesen zu sein, dass mein Vater in den Situationen, die ich als so verletzend empfand, nicht dabei war. Wusste sie doch nur zu gut, dass er ein solches Verhalten nicht billigen würde.

An diesem Abend aber brach der Sturm, der zwischen uns tobte, bis in das Zimmer, in das sich mein Vater zurückgezogen hatte. Und zum ersten Mal, seit ich denken kann, stellte er sich schützend vor mich.

»Du hältst natürlich wieder zu ihr«, sagte meine Mutter daraufhin.

Und dann sagte sie noch mehr hässliche Dinge, Sätze, in denen sie zum ersten Mal laut aussprach, was wohl schon eine ganze Weile in ihr genagt hatte. Mein Vater schickte mich auf mein Zimmer, wo ich mich einfach nur auf den Boden setzte. Ich hörte meine Adoptiveltern laut miteinander diskutieren, ohne zu verstehen, um was es ging. Und ich wollte es auch nicht wissen. In mir hatte sich wieder dieser dunkle Abgrund aufgetan, von dem ich fürchtete, dass er mich irgendwann völlig verschlingen würde.

Nach einer Weile kam mein Vater zu mir ins Zimmer. Ich hatte eine sehr vertrauensvolle Beziehung zu meinem Vater. Wenn ich Probleme mit meinem Freund hatte, dann war er es, der mir zuhörte und mich beriet. Was andere junge Frauen vielleicht mit ihren Müttern besprechen konnten, mit diesen Fragen wandte ich mich an ihn. Er sah mich hilflos an, wie ich auf dem Boden saß, verzweifelt schluchzend. Er wollte mich trösten und wusste doch nicht wie. Mein Vater und ich, wir haben uns nicht oft umarmt, und auch jetzt wehrte ich ihn zunächst ab, als er mich unbeholfen in seine Arme nehmen wollte. So viel Nähe – das war ich nicht gewöhnt. Doch dann brachen auf einmal alle Dämme in mir. Ich musste schrecklich weinen, konnte meinen Atem nicht mehr kontrollieren, hyperventilierte und brauchte eine Weile, bis ich mich endlich etwas beruhigen konnte. Und dann, stockend und von Weinen geschüttelt, erzählte ich meinem Vater, dass so eine Situation schon einmal passiert war, damals, als er in der Rehaklinik gewesen sei. Dass ich es ihm bisher nicht erzählt habe aus Angst, es könne ihn so aufregen, dass er einen neuen Herzinfarkt erleiden würde. Dass ich mit dem Gedanken spielte auszuziehen, beichtete ich ihm jedoch nicht. Der Satz meiner Mutter: »Wenn du das machst, bringst du ihn um!«, hallte in meinem schmerzenden Kopf nach.

Eine ganze Weile saßen wir so da. Langsam beruhigte ich mich ein wenig. Mein Vater sagte lange nichts. Schließlich meinte er: »Du musst morgen nicht zur Schule gehen, wenn du nicht willst.«

Natürlich ging ich am nächsten Tag zur Schule. Wir schrieben eine Deutschklausur. Von dem, was bei uns zu Hause am Abend zuvor los gewesen war, bekam keiner in der Schule etwas mit, nicht einmal meine besten Freundinnen. Ich setzte ein Lächeln auf und begann den nächsten Tag.

Einige Monate später war Muttertag, und mein Vater fragte mich eines Morgens: »Was schenkst du denn deiner Mutter zum Muttertag?«

Ich starrte ihn an.

»Was ich ihr schenke? Gar nichts.«

»Aber warum denn nicht?«

Ich konnte es kaum glauben. Hatte mein Vater denn überhaupt nicht verstanden, was geschehen war? Dass es zwischen mir und meiner Mutter nie wieder ein entspanntes Verhältnis geben würde? Dass ich ihr nach all dem nicht einfach fröhlich ein Muttertagsgeschenk machen konnte?

»Ich habe keinen Grund, ihr etwas zu schenken«, sagte ich. »Man schenkt Leuten etwas, wenn man ihnen eine Freude machen will. Ich habe nicht den geringsten Grund, ihr eine Freude zu machen.«

Mein Vater sah mich traurig an.

»Sei doch nicht so hart«, bat er mich.

»Hast du vergessen«, fragte ich ihn, »was sie mir angetan hat? Du warst doch dabei. Du hast es doch gesehen. Und jetzt sagst du, ich sei hart?«

»Na ja«, sagte er, und es war, als drückte er mir einen Dolch mitten ins Herz, »das Ganze kann man natürlich auch von zwei Seiten betrachten.«

Mit diesen Worten brach eine Welt für mich zusammen. Es war ein so schrecklicher Verrat, dass mir die Worte fehlten. Er gab mir das Gefühl, dass das, was ich sagte, was ich fühlte, nicht stimmte, keine Berechtigung hatte. Und das tat unendlich weh.

In meinen Augen verriet er mich in diesem Moment. Es dauerte lange, bis ich ihm das verzeihen konnte. Heute weiß ich, wie sehr er bis heute darunter leidet, ständig zwischen allen Stühlen zu sitzen. Er liebt meine Mutter. Doch ich bin seine Tochter, die er genauso liebt. Damals konnte ich noch nicht begreifen, wie sehr ihn dieser Konflikt belastete. Ich fühlte mich schlicht verraten und verkauft. Kein Wunder, dass meine Rückenschmerzen in den Wochen und Monaten darauf zunahmen und ich immer mehr das Gefühl hatte, steinalt zu sein. Und dann geschah etwas mit mir, was mich zutiefst erschreckte.

Eines Morgens putzte ich mir die Zähne, spuckte die Zahnpasta aus und richtete mich wieder auf. Als mein Blick in den Spiegel fiel, bekam ich einen Riesenschrecken. Mein Gesicht war völlig verzerrt, und ich konnte es auch nicht mehr richtig bewegen. In der Position, die meine Gesichtsmuskeln eingenommen hatten, als ich ausspuckte, waren sie auf der einen Seite stehen geblieben, wie eingefroren. Ich versuchte, Grimassen zu schneiden, und stellte fest: Die linke Seite meines Gesichts war gelähmt.

Ich ging zur Schule und beantwortete Fragen wie »Was ist denn mit dir passiert?« und »Wie siehst du denn heute aus?« mit schlagfertigen, lustigen Sätzen. Doch in mir sah es ganz anders aus. Ich hatte seit kurzer Zeit einen neuen Freund, und auch der staunte nicht schlecht, dass seine Freundin sich über Nacht in ein Monster verwandelt hatte.

Hatte ich gehofft, dass sich dieser Zustand so schnell, wie er gekommen war, auch wieder bessern würde, so täuschte ich mich gewaltig. Auch am nächsten Morgen blickte mich dieses halbe Monstergesicht aus dem Spiegel an, und am übernächsten ebenfalls. ›Bleibt mir das jetzt für immer?‹, fragte ich mich bang.

Zuerst dachten wir, es würde an den Zähnen liegen. Unser Zahnarzt erschrak ebenfalls und sagte zu meiner Mutter insgeheim, er fürchte, ich habe möglicherweise einen Tumor. Vielleicht seien es aber auch die Weisheitszähne, die auf einen Nerv drückten. Im Grunde war auch er völlig ratlos und hatte keine Ahnung, warum ich in meinen jungen Jahren ein halbseitig gelähmtes Gesicht hatte. Er schickte mich zum Kieferchirurgen, der mir die Weisheitszähne entfernen sollte. Der untersuchte mich und sagte: »Das hat nichts mit den Zähnen zu tun. Du brauchst einen Neurologen, keinen Kieferchirurgen.«

Inzwischen dauerte die Lähmung bereits einen ganzen Monat an. Ich konnte nachts nicht schlafen, weil ich mein linkes Augenlid nicht schließen konnte, und erhielt eine Augenklappe. Mein damaliger Freund unterstützte mich liebevoll und so gut er konnte, fuhr mit mir zu den Ärzten und nahm sich meiner Ängste an, die mich immer plötzlicher in Albträumen überkamen, aus denen ich dann schreiend aufwachte und nach ihm trat.

Die Neurologin stellte schließlich die richtige Diagnose: Ich war an einer sogenannte Fazialparese erkrankt. Mein Nervus facialis, der Gesichtsnerv, der für die Mimik zuständig ist, war auf der linken Gesichtshälfte gelähmt. Wie es dazu gekommen war, konnte auch die Neurologin nicht erklären. Normalerweise, hieß es, erkrankten junge Menschen nicht an so etwas.

Heute scheint mir klar, was die Ursache für die Gesichtslähmung und auch für die Rückenprobleme war, unter denen ich in diesen Wochen vermehrt litt. Es war der innere Stress, die ständige Anspannung zu Hause, die sich auf diese Weise in meinem Körper niederschlugen, mein Gesicht und meine Muskeln verspannten. Wenngleich mein Verstand versuchte, mit der Situation irgendwie klarzukommen, solange ich noch zur Schule ging, so zeigte mir mein Körper schonungslos, dass es so auf keinen Fall mehr weiterging. Meine Wirbelsäule hielt dem Druck kaum noch Stand, ständig verschoben sich die Wirbel, klemmten dadurch die Nerven ein und die Muskulatur verkrampfte sich immens. Mein Gesicht führte mir vor, wie ich mich fühlte: Ich war teilweise gelähmt. Niemand sprach es damals aus, aber ich ahnte bereits, dass das Ganze psychische Ursachen hatte.

Ich wurde mit Cortison behandelt und musste außerdem Übungen mit der Gesichtsmuskulatur machen. Viele

Wochen und Monate vergingen, ohne dass sich mein Zustand verbesserte, und meine Freunde und Tanzkolleginnen gewöhnten sich langsam daran, dass ich nur noch mit einem Mundwinkel lachen konnte. Bis ich eines Tages fühlte, wie es in meinem Gesicht zuckte, immer wieder regte sich etwas. Es dauerte noch ein paar Wochen, und dann war der ganze Spuk vorbei. Was war das für ein Gefühl der Erleichterung, als sich die Starre auflöste. Immer wieder betastete ich die linke Seite meines Gesichts, kontrollierte im Spiegel meine Mimik. Alles schien wieder gut. Doch inzwischen hatte ich meinen Entschluss gefasst. Wenn mein Körper mir schon so deutlich zeigte, dass meine Grenzen erreicht waren, dann musste ich auch die Konsequenzen daraus ziehen.

Als meine Mutter für ein paar Wochen zur Kur fuhr, war mir klar, eine günstigere Gelegenheit, um nach einem Ausweg zu suchen, würde ich nicht bekommen. Unter ihrer ständigen Überwachung war es mir unmöglich gewesen, einen Plan zu fassen. Nun aber besuchte ich unsere Nachbarin, die beim Jugendamt arbeitete, und sagte: »Ich glaube, ich kann nicht mehr.«

Nachdem ich ihr erzählt hatte, wie sehr die Situation zu Hause eskaliert war, sagte sie: »Wenn ich dich so anschaue, dann muss ich sagen: Du stehst fünf vor zwölf.«

Sie gab mir einige Adressen vom Jugendamt, bei denen ich mich nach meinen Möglichkeiten erkundigen konnte. Schon seit Monaten hatte ich immer wieder darüber nachgedacht, wie ich der Situation zu Hause entrinnen könnte. Denn ich hatte keine Zeit, mich zu streiten, ich brauchte meine Kraft, um für die Schule zu lernen. Aber das war enorm schwierig geworden. Saß ich in meinem Zimmer und arbeitete, kam es vor, dass meine Mutter so urplötzlich die Tür aufriss, dass ich vor Schreck zusammenfuhr. Sie verdächtigte mich, dass ich anstatt zu lernen irgendetwas anderes machte, was mit der Schule nichts zu tun hatte. Und diese Situation wiederholte sich dann oft mehrmals. Wie um alles in der Welt sollte man sich so konzentrieren können?

Obwohl ich es fast nicht mehr aushielt, war ich mir nicht ganz sicher, ob das Jugendamt eine Lösung für meine Situation finden würde. Ich hatte Sorge, vom Regen in die Traufe zu kommen, malte mir aus, wie es wäre, in einer Form des betreuten Wohnens zu leben, zusammen mit anderen Jugendlichen, die Probleme mit Drogen oder anderem hatten. Würde ich dort die nötige Ruhe finden, um mich zu erholen und für die Schule zu lernen? Irgendwann warf ich diese Bedenken dann einfach über Bord und ging zum Jugendamt. Ich spürte, dass ich mich jetzt entscheiden musste. In wenigen Wochen würde die zwölfte Klasse beginnen, und damit käme ich in die Oberstufe, die entscheidend war für mein Abitur. Ich sagte mir: ›Entweder bleibe ich zu Hause, setze mein Abitur in den Sand, werde ewig unglücklich und gehe irgendwann daran kaputt, oder ich kriege jetzt den Absprung.‹

Beim Jugendamt schilderte ich meine Situation und fragte, ob sie mir dabei helfen könnten, von zu Hause auszuziehen. Zu meiner Freude erfuhr ich, dass ich nicht unbedingt in eine Wohngemeinschaft ziehen müsste. Da ich fast volljährig war – bis zu meinem achtzehnten Geburtstag waren es nur noch ein paar Wochen – und selbstständig genug, könnte ich auch in einer eigenen Wohnung leben. Ob ich in der Lage sei, meinen eigenen Haushalt zu führen, meine Geldangelegenheiten selbst zu regeln und gleichzeitig zur Schule zu gehen? Ob ich mich motivieren könnte, das Abitur auch wirklich zu machen, wenn ich alleine in Münchens Zentrum wohnte, so weit von meinem gewohnten Umfeld entfernt? Ich hatte Angst, das alles vielleicht nicht zu schaffen, aber mein damaliger Freund und meine besten Freundinnen ermutigten mich, diesen Schritt zu wagen. Sie versprachen, mir beizustehen, mich zu unterstützen und unsere Freundschaft trotz der Entfernung weiterhin zu pflegen. Sie wurden für mich zu einer Art zweiten Familie, und ich vertraute ihnen.

Die Fragen der Betreuer hatten mich zuerst etwas verunsichert, aber heute weiß ich, warum die Mitarbeiter des Jugendamts anfangs so streng waren und so großen Wert darauf legten, dass ich mir diesen Schritt ganz genau überlegte. Denn es ist tatsächlich nicht so einfach, auf einmal sein Leben selbst in die Hand zu nehmen, wenn man vorher in allen Entscheidungen bevormundet worden war. Ich versicherte, dass ich fest entschlossen sei, es zu versuchen. Und so erhielt ich tatsächlich ein kleines Einzimmerapartment mit Balkon und eine Betreuerin, die regelmäßig nach mir sah. Ich konnte es kaum glauben – bald würde ich in meine eigenen vier Wände ziehen!

Nun kam der schwierigste Schritt: Ich musste meinen Eltern meine Entscheidung, von zu Hause auszuziehen, mitteilen. Ich ging zu meinem Vater, weihte ihn ein und legte ihm den Antrag vom Jugendamt vor, denn solange ich noch nicht volljährig war, musste einer meiner Elternteile für mich unterschreiben.

Und dann begann ein wirklich seltsamer Umzug. Ich erhielt leere Umzugskartons vom Ehemann meiner Nachbarin, und einen nach dem anderen trug ich auf mein Zimmer, ohne dass meine Adoptivmutter etwas bemerkte. So packte ich nach und nach mein ganzes Zimmer ein, und noch immer schien sie nichts zu ahnen. Irgendwie war es, als schwebte ein schützender Engel über mir, bis sie eines Tages mein Zimmer betrat und die vielen gepackten Kisten sah.

»Was soll das bedeuten?«, fragte sie.

»Ich ziehe aus,« sagte ich.

So einfach war es auf einmal. Sie sah mich an. Ich konnte in ihren Augen sehen, dass sie so einen Schritt nie in Betracht gezogen hatte. Ich sah, dass sie es auch jetzt nicht glaubte. Natürlich brach nun ein fürchterliches Gewitter los.

›Es ist das letzte‹, sagte ich mir und ließ es über mich ergehen.

»Du kannst nicht einfach ausziehen!«, schrie sie, »das erlaube ich dir nicht!«

»Das musst du mir auch nicht erlauben«, sagte ich so ruhig wie möglich, »aber ich tu es trotzdem.«

Auf einmal war es mir einfach egal, was sie sagte. Ich wusste, dass sie mich nicht mehr aufhalten konnte. Und ist es nicht seltsam? Am 3. September 1991 war ich in Deutschland angekommen, das Jugendamt hatte meinen Adoptiveltern damals die Fürsorge für mich übertragen. Am 3. September 2008, auf den Tag siebzehn Jahre später, zog ich mithilfe des Jugendamts aus diesem Haus wieder aus.

Auf dem schwankenden Grund der Freiheit

Als ich meine neue Wohnung betrat, schlug es mir bereits entgegen – das bittere Gefühl von Einsamkeit. Kahl wie sie waren, schienen die weißen Wände auf mich einzudringen, mich zu ersticken.

›Und jetzt?‹, fragte ich mich bang.

So lange hatte ich nur auf diesen Moment hingelebt. Ich hatte nie daran gedacht, wie es tatsächlich wäre, allein zu wohnen. Fast mein ganzes Leben war ich auf meine Adoptivmutter bezogen gewesen, und auch wenn mir ihre Kontrolle über mich nicht gefallen hatte, so war ich doch fast nie allein gewesen. Ihre Art, mich ständig im Auge zu behalten, die mir so unangenehm gewesen war, brach nun einfach weg. Und ohne diesen Kontrollblick überfiel mich auf einmal das Gefühl, ins Bodenlose zu stürzen. Keiner kümmerte sich mehr um mich, weder im Schlechten noch im Guten. Ich hatte es so gewollt, jetzt musste ich mich meiner neuen Freiheit stellen.

Freiheit muss man erst lernen, das spürte ich in diesen ersten Tagen nach meinem Auszug aus der Wohnung meiner Adoptiveltern mit jeder Faser meines Körpers. All die Jahre hatte ich nur überlebt, indem ich mich »dagegen« gestemmt hatte, und jetzt, wo dieser Widerstand nicht mehr da war, hatte ich das Gefühl, auf schwankendem Grund zu stehen, keinen Halt mehr zu finden. Aber ich riss mich zusammen, versuchte wieder stark zu sein und mich dieser neuen Lebenssituation zu stellen und richtete mich in meinem neuen Leben ein.

In diesem Sommer 2008 kam so viel Neues auf mich zu. Aufgrund der großen Entfernung musste ich die Schule erneut wechseln. Ich kam auf eine Mädchenschule, und es war, als hätte ich nach so vielen unterschiedlichen Schulerfahrungen nun das große Los gezogen. Zuerst war ich zwar etwas skeptisch, da mich diese typische Art der Mädchen in meinem Alter oft nervte. Wenn sie kicherten und plapperten, dann kam ich mir neben ihnen oft so alt vor, und mir wurde bewusst, dass ich nicht so unbeschwert aufgewachsen war wie sie. Doch auf einer reinen Mädchenschule verhielten sie sich auf einmal ganz anders, und ich fühlte mich ausgesprochen wohl. Auch hatte ich das Glück, dass die Lehrer dort viel Verständnis für meine Situation hatten.

Zweimal in der Woche besuchte mich meine Betreuerin vom Jugendamt und half mir dabei, mein Leben allein in die Hand zu nehmen. Es gab so viel zu erledigen, und ich war dankbar, dass sie mir mit Rat und Tat zur Seite stand. Meine Sachen musste ich zwar selbst regeln, aber ich konnte alle Fragen mit ihr besprechen. Anfangs war sie sehr streng zu mir, was mich irritierte, aber irgendwie auch gut war. Ich war Strenge gewohnt, die regelmäßigen Besuche strukturierten meine Woche und gaben mir Halt.

Ich verstand von Anfang an, warum die Betreuer und Betreuerinnen vom Jugendamt mit strengen Augen darüber wachten, dass ihre Schutzbefohlenen ihre neue Freiheit nicht ausnutzten. Denn es gab durchaus Jugendliche, die ihre Wohnung wieder verloren, weil sie sich nicht an die Regeln hielten. Ich dagegen hielt mich an die Regeln und brauchte meine Betreuerin mehr als Gesprächspartnerin und mitunter als seelischen Beistand. Ich wollte mich vor wichtigen Entscheidungen mit ihr beraten, bat um ihre Unterstützung, wenn ich irgendwelche Dinge bei Behörden oder der Bank zu erledigen hatte und nicht wusste, wie man dabei vorgeht. Mit der Zeit vertraute mir meine Betreuerin mehr und mehr, denn auch sie spürte, dass ich mich ihr öffnete und keine komischen Spielchen mit ihr trieb.

Ich war nicht gerne allein. Es ist schwer, wenn man von der Schule nach Hause kommt und eine leere Wohnung betritt. Auch früher bin ich, wenn ich von der Schule kam, lieber zu unserer Nachbarin gegangen. Dort hatte ich jemanden, mit dem ich reden konnte und der mich herzlich am Mittagstisch willkommen hieß. Ich hatte mir immer eine richtige Familie gewünscht, in deren Mitte ich so akzeptiert würde, wie ich war, in der ich mich geliebt und willkommen fühlte. Auch wenn es besser war, nicht mehr bei meinen Eltern zu leben, ging es mir nicht wie vielen anderen jungen Menschen, die es fantastisch finden, gegenüber niemandem mehr Rechenschaft darüber ablegen zu müssen, was sie tun oder lassen.

Meinem Vater vertraute ich an, wo ich wohnte, und wir trafen uns hin und wieder. Er schaffte sich sogar ein Mobiltelefon an, damit er mit mir telefonieren konnte. Ich wusste, er fühlte sich alles andere als wohl. Er litt darunter, dass meine Adoptivmutter und ich uns so schlecht verstanden, und mein Auszug tat ihm unendlich weh. Aber er akzeptierte es, wenn auch schweren Herzens.

»Du müsstest dort auch raus«, sagte ich zu ihm, »du bist doch nicht glücklich dort. Jetzt, wo ich weg bin, wirst du ihr Blitzableiter sein.«

»Man ist so lange zusammen...«, war seine Antwort.

»Dann lass uns nicht mehr darüber reden«, bat ich ihn, »ich will nicht wissen, was sie schon wieder gesagt oder getan hat.«

Er nickte. Und dann schüttete er doch immer wieder sein Herz bei mir aus. Auch wenn mich das belastete, brachte ich es einfach nicht fertig, ihm zu sagen, dass ich das nicht hören wollte. Und so schlich sich meine Adoptivmutter immer wieder in unsere Treffen, auch wenn sie gar nicht dabei war.

Lange nagte in mir der »Verrat« meines Vaters, als er nach der Eskalation mit meiner Adoptivmutter doch wieder zu ihr gehalten hatte. Irgendwann aber hörte ich auf, ihm das vorzuwerfen, es hatte keinen Sinn, immer wieder die alten Sachen aufzuwärmen. Ich brauchte meine Kraft für andere Dinge.

In diesem ersten Jahr meines Alleinlebens steigerten sich meine Depressionen, und zwar in einer Vehemenz, die ich vorher nie erlebt hatte. Ich stand morgens fröhlich auf, zog mich an, machte mich fertig, um zur Schule zu gehen, öffnete die Tür – und dann war es auf einmal, als sei da eine unsichtbare Wand, undurchdringlich und kalt. Wie gelähmt stand ich an der Türschwelle und konnte sie nicht überschreiten. Ich schloss die Tür wieder, sah mich in meinem Zimmer um. Obwohl ich es mir so gemütlich wie möglich eingerichtet hatte, erschien es mir in diesen Momenten kalt und kahl. Diese Leere, die Abwesenheit von Menschen, diese namenlose Einsamkeit, die ich in mir fühlte, das alles schien dieses Zimmer widerzuspiegeln. Und wieder stürzte ich in dieses tiefe Loch, in dem ich keinen Halt mehr fand.

Nach meinem Umzug benötigte ich über eine Stunde mit der S-Bahn, um meinen alten Tanzverein zu erreichen. Ich wollte weiterhin tanzen, unbedingt. Ich konnte nicht alles auf einmal verlieren, was mir in meinem Leben Halt gegeben hatte. Leider war es mir damals unmöglich, mit den Trainern und meinen Tanzkolleginnen offen darüber zu sprechen, wie schlecht es mir tatsächlich ging, und so bekam ich auch dort Probleme. Wie sehr ich es auch versuchte, es war mir nicht möglich, alle Termine pünktlich einzuhalten. – Was natürlich nicht geht auf dem hohen Niveau, auf dem wir trainierten. Nach den Trainingsabenden kam ich erst gegen Mitternacht nach Hause und war am nächsten Morgen wie gerädert, oft schlief ich schon auf dem Heimweg in der U-Bahn ein, und in der Schule fielen mir am nächsten Tag regelmäßig die Augen zu. Zusätzlich hatte ich gemeinsam mit einer Kollegin das Training für kleinere Mädchen übernommen. Ich bat sie, mich am S-Bahnhof mit dem Auto abzuholen, da meine Zeit so knapp bemessen sei. Doch das tat sie nicht. Sie hatte kein Verständnis für mein ständiges Zuspätkommen und keine Vorstellung davon, für wie viele andere Dinge ich jetzt, da ich allein lebte, Verantwortung übernehmen musste. Es gab eine Menge Missverständnisse, und am Ende brachte außer meinen Freunden niemand Verständnis für meine Situation auf – sicherlich auch, weil ich fast nie offen darüber sprach, wie schlecht es mir ging. Wieder verschoben sich meine Rückenwirbel, klemmten Nerven ein, sodass ich vor Schmerzen kaum gehen konnte, geschweige denn tanzen. Ich erinnere mich an eine fürchterliche Nacht vor einem Turnier, in der es mir so schlecht ging, dass ich mich ins Krankenhaus schleppte, wo man mir ein paar Spritzen gab. Ich tanzte das Turnier mit, doch ich merkte, dass es so nicht weiterging. Irgendwie schien es nicht wirklich bis zu den anderen durchzudringen, wie ernst meine Rückenprobleme waren, und obwohl ich zwölf Jahre lang die Zuverlässigkeit in Person gewesen war, zählte das auf einmal nicht mehr. Irgendwann merkte ich, dass mich alle nur scheel ansahen und sich hinter meinem Rücken über mich beklagten. Das Ende vom Lied war, dass ich nach all den Jahren einen traurigen Abschied von diesem Verein nahm, der mir heute noch wehtut.

Das war bitter für mich und vergrößerte meine Einsamkeit. Zum Glück hatte ich drei wirklich gute Freundinnen, die immer zu mir hielten. Ich weiß wirklich nicht, wie ich diese Zeit ohne sie überstanden hätte. Auch mein damaliger Freund war für mich da, so gut er es konnte. Doch meine innere Leere konnte auch er nicht füllen.

Da mir meine Mutter mein ganzes Leben lang großen Druck gemacht hatte, jetzt aber niemand mehr da war, der mich kontrollierte, setzte ich mich nun selbst unter einen enormen Leistungsdruck, und zwar ohne mir darüber bewusst zu sein. Natürlich wollte ich mir und allen anderen beweisen, dass ich alleine zurechtkam, und um jeden Preis musste ich ein gutes Abitur machen. Das führte zu ganz seltsamen und erschreckenden Phänomenen. So hatte ich während der Klausuren totale Blackouts, und wenn ich abgefragt wurde, war mein Gehirn wie eingefroren und ich konnte das Wissen, das mir eine Minute zuvor noch präsent gewesen war, nicht zeigen. Die Worte blieben mir im Hals stecken, und alles, was ich herausbrachte, waren hastige, ungeordnete und unkoordinierte Sätze. Das war schrecklich frustrierend, denn ich war immer gut vorbereitet und wusste alles. In der Prüfungssituation geriet ich dann völlig unvermittelt in einen solchen Stress, dass ich mein Können und Wissen nicht anwenden konnte. Ich hatte keine Ahnung, was ich gegen diese Blackouts tun könnte, und auch die Therapie mit meinem Psychologen schien mir diesbezüglich nicht zu helfen.

Hinzu kamen schreckliche Albträume. Schon als Kind hatte ich oft schlecht geträumt. Damals war es eine dieser typischen Traumsituationen: Man rennt und rennt und kommt nicht vom Fleck. In diesen Träumen war mir immer ein Furcht einflößender Hund mit drei Köpfen auf den Fersen. Die Szene war jedes Mal gleich. Da war ein einzelner Baum, auf den ich mich retten wollte, doch ich schaffte es nicht. Diese Träume endeten immer damit, dass der dreiköpfige Hund mich erwischte. Bis sich dieser Traum eines Tages, als ich ungefähr zwölf Jahre alt war, wandelte. In dieser Nacht entkam ich dem Monsterhund, und von da an träumte ich nicht mehr von ihm.

Jetzt aber, im Alter von achtzehn Jahren, war es eher ein Traumgefühl, keine Handlung, das mich so quälte. Es war ein Gefühl von absolutem Verlassensein, einer unbeschreiblichen Verlorenheit. Dieses Gefühl war so unerträglich, dass ich weinend und schreiend aufwachte. Das alles setzte mir so sehr zu, dass ich kaum noch dazu kam, Briefe an Fatima zu schreiben. Bis Gita mir eines Tages eine bitterböse E-Mail schickte, in der sie mir schwere Vorwürfe machte.

»Sie wartet auf eine Nachricht von dir«, sagte sie, »und sie hat es verdient, dass du ihr schreibst. Jeden einzelnen Tag nimmt sie von dem wenigen Geld, das sie verdient, ein paar Rupien und ruft mich im Büro an. ›Was gibt es Neues von meiner Tochter?‹, will sie wissen. Jeden Tag! Sorg dafür, dass ich ihr endlich etwas sagen kann!«

Auch Arun, der immer noch erfolglos nach seiner Mutter suchte, hatte wenig Verständnis für meine vermeintliche Gleichgültigkeit. Sie alle hatten recht. Für mich aber bedeuteten ihre Vorwürfe, dass zu all dem Druck, den ich mir selbst machte, nun auch noch von dieser Seite Druck hinzukam. Alle erwarteten etwas von mir. Und ich versagte auf allen Ebenen.

Natürlich hatte ich ein schlechtes Gewissen. Arun würde wer weiß was dafür geben, um endlich Zeit mit seiner Mutter verbringen zu können. Gita hatte Fatima für mich gefunden, und jetzt schien es, als habe ich sie schon wieder vergessen. Weil ich mir nicht mehr anders zu helfen wusste, ging ich wieder regelmäßiger zu dem Psychologen, der mir schon einmal geholfen hatte. Wie kann ich mit meinem Leben klarkommen? Das war die Frage, die mich am meisten beschäftigte. Der Psychologe sagte:

»Da gibt es so viel Neues in deinem Leben, es ist kein Wunder, dass es zu viel für dich ist: der Auszug, die neue

Schule, eine neue Beziehung, die Trennung von der langjährigen Konstante, dem Tanzverein...«

Diese Gespräche taten mir gut. Und doch wurde zunächst alles schlimmer statt besser. Zu den Depressionen kamen meine ständigen Rückenschmerzen, auch meine Bronchitis plagte mich wieder. Und irgendwann hatte ich das Gefühl, nicht mehr weitermachen zu können. Ich war drauf und dran, die Schule hinzuschmeißen und einfach aufzugeben.

»Mach das nicht«, riet mein Vater.

»Mach das nicht«, sagten auch meine Lehrer.

»Das musst du nicht tun«, sagte schließlich mein Psychologe. »Warum wiederholst du nicht einfach die zwölfte Klasse?«

Doch das wollte ich nicht. Eine Klasse zu wiederholen, das erschien mir wie ein Scheitern. So als würden sich damit die düsteren Prophezeiungen meiner Adoptivmutter, die seit der fünften Klasse Gymnasium über mir schwebten wie ein Damoklesschwert, tatsächlich erfüllen und Wirklichkeit werden.

Es dauerte eine Weile, bis ich akzeptieren konnte, dass ich erst dann wirklich frei von ihr sein würde, wenn ich lernte, mich auch von ihren negativen Glaubenssätzen zu lösen. Und dazu gehörte, es nicht als Schmach und Schande zu empfinden, eine Schulklasse zu wiederholen. Es gab ein Gespräch mit meinem Vater, meinem Konrektor und meiner Betreuerin. Alle waren der Ansicht, dass ich nicht von der Schule abgehen, sondern mir besser dieses zusätzliche Jahr gönnen sollte.

»Du gehörst nicht zu den Schülern«, sagte mein Konrektor, »die nach der Schule eine Lehre machen und damit glücklich sind. Dafür bist du viel zu wissbegierig, auch wenn das Lernen dir im Moment schwerfällt. Mach das Abitur, und wenn es ein Jahr später ist – was ist schon dabei?«

Und so verabschiedete ich mich nach dem Halbjahreszeugnis von meinen neuen Klassenkameradinnen und ging in die elfte Klasse zurück.

Es war die richtige Entscheidung. Nicht nur für die Emanzipation vom Gedankengut meiner Adoptivmutter, sondern auch für meine Gesundheit. Da ich die elfte Klasse ja schon einmal durchlaufen und bereits ein Endjahreszeugnis hatte, fiel mir alles leicht, und ich hatte Zeit, mich um meine Probleme zu kümmern. Ich besuchte regelmäßig eine Physiotherapeutin, machte Krankengymnastik und ging zum Aufbautraining und bekam so nach und nach meine Rückenschmerzen in den Griff. Außerdem tat ich alles, was mir nur irgendwie helfen konnte, um meine Nervosität und Anspannung abzubauen. Autogenes Training, Kinesiologie und immer wieder die Gespräche mit meinem Psychologen, um die Ursachen für meine Überreaktion in Stresssituationen zu erkennen. Und als ich schließlich zum zweiten Mal die Klassenstufe 12 erreichte, fühlte ich mich besser. Mein Körper wurde wieder gesund, ich schrieb gute Noten und hatte Erfolgserlebnisse, das Leben war wieder leichter.

Seit ich ausgezogen war, wollte meine Adoptivmutter sich unbedingt mit mir treffen. Mein Vater richtete mir diesen Wunsch jedes Mal aus, wenn wir uns sahen. Solange alles so schwierig für mich war, lehnte ich eine Begegnung mit ihr jedoch ab. Nun, als es besser wurde und ich wieder Boden unter den Füßen spürte, willigte ich ein.

Bei diesen Treffen war mein Vater immer dabei. Und jedes Mal liefen unsere Gespräche gleich ab. Am Anfang war meine Adoptivmutter freundlich, interessierte sich für mein neues Leben, wollte alles wissen – doch am Ende mündeten unsere Gespräche wieder nur in Streitereien.

Jedes Mal ging es mir hinterher tagelang schlecht. Mein Partner und meine Freunde mussten meine Launen und Phasen der Depression mit mir durchstehen und ertragen. Ich bin ihnen enorm zu Dank verpflichtet, denn heute weiß ich, dass ich nicht immer ein angenehmer Zeitgenosse war. Gerade ihnen zeigte ich ja mein wahres Gesicht und verstellte mich nicht.

Wieder befand ich mich in dem alten Dilemma. Alle sagten: »Komm, versuch es. Versöhn dich mit ihr. Das ist besser für dich und dein Seelenheil.« Auch mein Glaube, der mir nach wie vor sehr wichtig war, ließ es notwendig erscheinen, Frieden mit meiner Adoptivmutter zu schließen. Doch auch wenn ich für diese Versöhnung bereit gewesen wäre, es ging einfach nicht. Denn egal, wie ich in diese Treffen ging, am Ende empfand ich ihre Worte als beleidigend und verletzend.

Ich holte mir Rat, unter anderem bei meiner Betreuerin. Sie gab mir neue Denkanstöße und sagte: »Versuch es doch mal so, wenn sie wieder mit den alten Vorwürfen anfängt. Du bist ihr nichts schuldig. Bleib einfach bei dir. Und wenn sie nicht aufhört, dann sage ihr einmal klipp und klar, dass das so nicht geht, dass sie dich genauso respektieren muss wie jeden anderen Menschen auch.«

Aber so einfach war das nicht. Meine Adoptivmutter verstand es ausgezeichnet, bei mir genau die richtigen »Knöpfe« zu drücken, um mich auf die Palme zu bringen. Wie kein anderer kannte sie meine wunden Punkte.

Am schlimmsten war es, wenn sie Bemerkungen über meine Familie in Indien machte, die ich als beleidigend oder demütigend empfand. Sätze wie: »Da hast du ja dann eh so eine Familie. Da brauchst du uns ja nicht mehr.« Oder über Fatima: »Deine leibliche Mutter ist ja dann wohl besser als ich.« Allein schon wenn sie anfing, über meine Mutter Fatima und ihre Familie zu sprechen, hat mich das verletzt.

Eines Tages sagte meine Betreuerin, nachdem ich ihr so eine Situation geschildert hatte: »Du hättest ja auch gehen können.«

Ich sah sie verwundert an. Auf so etwas wäre ich gar nicht gekommen. Und tatsächlich, eines Tages, als meine Adoptivmutter wieder anfing zu sticheln und Bemerkungen über meine Familie in Indien zu machen, stand ich einfach auf und ging. Das war ein entscheidender Schritt auf meinem Weg ins Erwachsenenleben. Diese Kleinigkeit. Zu verstehen, dass ich einfach gehen konnte, dass ich diese Freiheit nun besaß und nicht mehr in ihren Verhaltensmustern gefangen sein musste, nicht mehr gezwungen war zu tun, was sie verlangte. Doch so schnell ging es nicht. Auch diese Entwicklung brauchte seine Zeit und zu Anfang traf ich mich dann doch wieder mit ihr.

Im Grunde traf ich mich aus zwei Gründen mit meiner Adoptivmutter: der eine Grund war mein Vater. Und der andere, dass ich dachte, es müsse so sein. Ich müsste auch das hinkriegen.

Diese Zeit war anstrengend und kräftezehrend, vor allem da mich die heimlichen Treffen mit meinem Vater zusätzlich belasteten. Wollte ich doch einen neuen Anfang wagen und nicht wieder in dieses Netz aus Heimlichkeiten und Lügen gezogen werden, aus dem ich mich gerade erst befreit hatte.

Und dann geschah eines Tages etwas, das alles änderte. Mein Vater hatte eines Nachts wieder Herzschmerzen und kam in die Klinik. Von der schweren Erkrankung meines Vaters erfuhr ich durch meinen Firmpaten. Meine Mutter hingegen informierte mich nicht darüber, dass mein Vater ins Krankenhaus eingeliefert worden war.

Daraufhin fasste ich den Entschluss, den Kontakt komplett abzubrechen und sie nicht mehr zu besuchen und ihr auch sonst aus dem Weg zu gehen. Es war besser so für alle Beteiligten. Und vor allem für meinen Seelenfrieden.

Das Wiedersehen

Eigentlich war ich davon ausgegangen, dass die Filmemacherin Golineh Atai, die sich drei Jahre zuvor für meine und Fatimas Geschichte interessiert hatte, inzwischen an anderen Projekten arbeitete und mich längst vergessen hatte.

»Ich melde mich wieder bei Ihnen, wenn Sie achtzehn sind«, hatte sie gesagt. Und tatsächlich, eines Tages klingelte das Telefon, und sie war am Apparat.

»Was meinen Sie?«, fragte sie mich, »könnten Sie es sich jetzt vorstellen, Ihre leibliche Mutter wiederzusehen?«

Ich fühlte in mich hinein. Damals hatte ich gesagt, solange ich im Haus meiner Adoptiveltern lebe, kann ich das nicht machen. Zu sehr war ich in die Auseinandersetzungen mit meiner Adoptivmutter verstrickt gewesen. Inzwischen war es mir gelungen, mich innerlich und äußerlich von ihr zu distanzieren. Seit über einem Jahr lebte ich nun schon allein, hatte die Anfangsschwierigkeiten gemeistert und fühlte Boden unter meinen Füßen. Die Voraussetzungen waren noch nie so gut wie jetzt. Aber selbstverständlich konnte ich mir keinen Flug nach Indien leisten. Außerdem ging ich noch zur Schule und konnte nicht einfach so für ein paar Wochen nach Indien fliegen.

Die Filmemacherin erklärte mir, dass der Sender, für den sie arbeitete, die Reisekosten übernehmen würde.

»Wir könnten in den Weihnachtsferien fliegen«, meinte sie, »ich und mein Team begleiten Sie. Arun Dohle hat versprochen, uns bei der Organisation in Indien zu helfen. Sie selbst müssen sich um gar nichts kümmern.«

Das klang verlockend. War das die Gelegenheit, auf die ich die ganze Zeit gewartet hatte? War ich inzwischen bereit für diese Begegnung? Und wie würde es sich anfühlen, meiner Mutter vor laufender Kamera das erste Mal zu begegnen?

»Es geht ja nicht nur um deine private Geschichte«, sagte Arun, »die Kamera sorgt dafür, dass die Menschen in Deutschland erfahren, was für ein Unrecht auch heute noch im Namen der Menschlichkeit geschieht!«

Die Vorstellung, dass auch heute noch täglich kleine Kinder ihren Müttern weggenommen werden, um sie nach Europa oder in die USA zu verschicken, schnürte mir die Kehle zu vor Zorn und Hilflosigkeit. Wenn es mir möglich war, einen Beitrag dazu zu leisten, dieses ungeheuerliche Verbrechen in das Bewusstsein der Fernsehzuschauer zu rücken, dann war ich bereit dazu. Und so begannen die Planungen für meine zweite Reise nach Indien.

Wie ist es, wenn man mit neunzehn Jahren zum ersten Mal seiner richtigen Mutter gegenübersteht? Einer Frau, die in einem völlig anderen Kulturkreis lebt? Mit der man selbst nicht sprechen kann, sondern immer auf Übersetzer angewiesen ist, um mit ihr zu kommunizieren? Jemandem, dem man im Alter von zwei Wochen vom Arm gerissen worden war?

Für eine solche Begegnung gibt es keine Gebrauchsanweisung. Es ist schwer, sich darauf vorzubereiten. Irgendwie hatte ich mich in den vier Jahren des Briefkontaktes auf dieses erste Zusammentreffen eingestimmt, hatte versucht, mich dieser mir noch immer fremden Frau anzunähern. Dennoch wusste keine von uns, was uns erwarten würde.

Ich hatte schreckliche Angst davor, enttäuscht zu werden. In all den Jahren vor der Suche nach meiner leiblichen Mutter hatte ich mir alles Mögliche ausgemalt, wie sie sein könnte. Nachdem Fatima gefunden war, hoffte ich erst recht, sie könnte all das verkörpern, was ich an meiner Adoptivmutter so vermisst hatte. Wie gesagt, ich wusste nicht, wie es sich anfühlt, eine Mutter zu haben, und meine große Hoffnung war, dass ich dieses Gefühl mit Fatima haben würde. Doch je größer meine Hoffnungen wurden, desto übermächtiger wurde auch die Furcht, von der Realität enttäuscht zu werden.

Das Filmteam schlug mir vor, eine meiner engsten Freundinnen mitzunehmen. Ich wusste, dass ich jemanden brauchte, an dem ich mich festhalten konnte, sollte es schwierig für mich werden. Jemanden, der in jeder Situation zu mir stand. Eine Vertraute, die mich auffangen könnte, für den Fall, dass die Begegnung mit meiner richtigen Mutter mich aus der Bahn werfen würde. Meine Freundin Simone war sofort hellauf begeistert und erklärte sich bereit, mich zu begleiten. Außerdem würde mein alter Freund und Weggefährte Arun dabei sein, und Gita Ramaswamy sollte meine Mutter auf das Treffen vor laufender Kamera vorbereiten.

Nur wenige Menschen wussten von meinen ungewöhnlichen Reiseplänen für die Woche um den Jahreswechsel 2009/2010, und vor allem meinen Eltern erzählte ich nichts davon. Das war nicht ganz einfach, denn am 3. Januar hat mein Vater Geburtstag, und zum allerersten Mal würde ich an diesem Tag nicht bei ihm sein. Ich erzählte meinem Vater, dass ich mit Freunden verreisen würde und dass ich dort zur Entspannung mein Handy ausmachen würde. Er bräuchte sich also keine Sorgen machen, wenn er eine Weile nichts von mir hören würde.

Und dann bereitete ich mich auf die Begegnung mit meiner Familie vor. Ich machte mir viele Gedanken darüber, was ich meiner Mutter bei dieser Gelegenheit schenken könnte. Wir kannten uns ja im Grunde nicht. Also bastelte ich ihr ein großes Bild, das mein Leben in München für sie illustrieren sollte: eine Collage mit den wichtigsten Orten und Sehenswürdigkeiten, die ihr den Ort, an dem ich lebte, näherbringen sollte. Ich verwendete viel Zeit auf dieses Bild und hoffte, dass es ihr dabei helfen würde, sich mein Leben besser vorstellen zu können. Außerdem stellte ich einen Bildband zusammen mit Fotos von mir, die sie noch nicht kannte. Ich hoffte, dass sie so ein klein wenig meine Entwicklung nachvollziehen könnte, ganz ähnlich, wie mein Vater jedes Jahr einen Kalender mit Fotos von mir gebastelt hatte. Ich fügte Bilder ein, die mich in verschiedenen Altersstufen zeigten und bis in die Gegenwart führten. Ich wollte ihr aber auch noch etwas schenken, das sie mit mir verband, und da ich Schmuck über alles liebe, suchte ich lange nach schönen Ohrringen für sie. Bei dieser Gelegenheit merkte ich wieder einmal, dass ich meiner Intuition mehr vertrauen sollte. Denn als ich endlich Ohrringe gefunden hatte, die mir gefielen, gab es sie in zwei Ausführungen, mit roten und mit türkisfarbenen Steinen. Ich wollte sofort nach den roten greifen, doch Simone und auch Golineh rieten mir zu den Ohrgehängen mit den türkisen Steinen. Später merkte ich allerdings, dass meiner Mutter – genau wie mir – die roten sicherlich besser gefallen hätten. Außerdem bastelte ich einen Bildband von München und eine Karte mit Informationen für sie und packte typische deutsche Süßigkeiten, die ich auch gerne esse, für sie ein.

Es ist schwer zu beschreiben, wie ich mich damals fühlte. Zum einen war ich, wie immer vor großen Reisen, sehr aufgeregt. Zum anderen verspürte ich eine riesige Vorfreude darauf, wieder in Indien zu sein. Dazu kam die

Neugier, wie es wohl sein würde, mit einem Filmteam zu arbeiten. Und unter all das mischte sich eine wachsende Nervosität, was die Begegnung mit Fatima anbelangte.

Nachdem ich mich für diese Reise entschieden hatte, setzten sich eine Menge Leute in Bewegung, um alles vorzubereiten, und dann, am 26. Dezember 2009, saßen wir im Flugzeug nach Hyderabad.

Kurz nach der Landung schlug mich dieses so fremde und doch von meinem letzten Besuch schon vertraute Land sofort wieder in seinen Bann. Die feuchtheiße Luft, die sich vom ersten Moment an auf meine Haut legte und dort kleben blieb, der Staub, die Hitze und die vielen Menschen um mich herum. Irgendwie fühlte sich all das wie meine Heimat an, und dann wieder war alles so fremd und unbekannt.

Wer noch nie in Indien war, kann sich diese Atmosphäre nur schwer vorstellen. All die optischen und akustischen Eindrücke, die Farben und das Licht sind nur ein Teil dieses faszinierenden Landes. Es herrschte wieder diese unglaubliche Geräuschkulisse, das stete Hupen der Mofas, Motorräder und der wendigen winzigen Dreiradtransporter, der Autos und Lastwagen, das Klingeln der Fahrräder und Rikschas, der Geräuschpegel von Hunderten von Menschen. Die Straßen waren voller Menschen, wie Ameisen wuselten sie zwischen den Fahrzeugen umher, die sowieso mehr in Staus feststeckten, als zu fahren. Es ist eng und laut, es ist heiß und bunt, es riecht und duftet und stinkt und qualmt.

Ich möchte gerne jedem adoptierten Menschen, der sich auf eine ähnliche Spurensuche in einem weit entfernten Land macht, einen Rat mit auf den Weg geben. Am besten sollte man zuerst einmal als Tourist in dieses Land fahren, um sich erst ganz langsam an die neuen Eindrücke gewöhnen zu können. Denn nichts wird dort so sein, wie man es aus Deutschland kennt: das Klima und die Kultur, die Farben und Gerüche und Geräusche, die Armut und die vielen Menschen auf den Straßen, die Krankheiten und der Schmutz, die Pracht und die Schönheit, die Landschaft und das Essen. All das wird zunächst völlig fremd sein. Allein die Begegnung mit einem völlig anderen Land kann einen schon umhauen, auch wenn man denkt, Ähnliches aus einem anderen Urlaub gewöhnt zu sein. So ist es nicht. Denn es geht in diesem Fall ja um das Ursprungsland. Man braucht Zeit, um sich daran zu gewöhnen, um die neuen Eindrücke verarbeiten zu können.

Für Indien gilt dies wohl ganz besonders, denn es gibt durchaus Weltenbummler, die es trotz all ihrer Reiseerfahrungen keine zwei Tage in Indien aushalten und sofort den Rückflug antreten. Man sagt, dass es nur zwei Arten von Indienreisenden gibt: die, die nie wieder kommen, und die, die immer wieder kommen. Ich jedenfalls war froh, schon einmal hier gewesen zu sein.

Hyderabad ist eine fünfhundert Jahre alte Stadt mit einer reichen Kultur. In den letzten zwanzig Jahren haben sich hier Unternehmen angesiedelt, die in moderne Technologien, vor allem im Bereich Biotechnologie, Pharmazie und Informationstechnologie, investieren. Und so gibt es eine neue und eine alte Seite dieser Millionenstadt. Prachtpaläste stehen neben Neubauten, bunt bemalte Tempel neben Einkaufszentren, baufällige Wohnhäuser neben modernen Hotels. Auch eine prosperierende Filmindustrie ist in Hyderabad angesiedelt, die Telugu Film Industry, gerne auch »Tollywood« genannt. Kein Wunder, dass sich die Stadt immer mehr ausbreite und mit den Jahren mit ihrer nördlich gelegenen Schwesterstadt Secunderabad eng zusammenwuchs, allein getrennt durch einen wunderschönen See namens Hussain Sagar.

Am ersten Tag nach unserer Ankunft ruhten wir uns von der langen Reise aus und versuchten uns langsam an die Zeitumstellung und die ungewohnte Umgebung zu gewöhnen. Am Nachmittag verließen wir unser Hotel und besuchten einen nahe gelegenen Markt. Dort fand ich einen wunderschönen Sari aus Baumwolle, den ich für meine Großmutter als Begrüßungsgeschenk kaufte. Für mich fand ich einen Salwar Kameez, denn ich wollte mich für den Anlass passend anziehen und meiner Mutter beim ersten Mal nicht in westlichen Kleidern begegnen. Dafür erschien mir ein Salwar Kameez als genau richtig: Er ist nicht so traditionell wie ein Sari und viele junge Inderinnen tragen dieses bis kurz über die Knie reichende, tunikaartige Oberteil mit einer passenden Hose. Nun fühlte ich mich für die Begegnung mit meiner Familie gerüstet. Dennoch schlief ich unruhig in der folgenden Nacht.

Ich weiß nicht, ob es daran lag, dass ich wieder in meinem Geburtsland war oder weil ich die ganze Zeit Menschen um mich hatte oder weil ich wusste, dass ich bald meine leibliche Mutter und meine Familie treffen würde. Trotzdem war ich tagsüber relativ gelassen, schließlich war ich immerzu von einer Kamera und mich ständig anstarrenden Menschen umgeben, die es mir unmöglich machten, intime Gedanken über das nahende Treffen zu fassen. Doch nachts, wenn ich zur Ruhe kam, da schien meine Seele die Geschehnisse vom vergangenen Tag zu verarbeiten und sich für den nächsten vorzubereiten, denn sie wusste ja, dass ich meiner Mutter irgendwann gegenübertreten würde.

Und so kam der Tag, an dem wir uns auf den Weg machten, um zunächst Gita Ramaswamy zu besuchen, mit der wir später gemeinsam zu meiner Mutter fahren würden. Ich freute mich sehr auf dieses Wiedersehen mit Gita, und es war ein bewegender Moment, als ich sie nach fünf Jahren zum ersten Mal wieder traf. Diese Frau hatte so unendlich viel für mich und Fatima getan. Welche Mühen sie auf sich genommen hatte, um unter all den Fatimas in der Stadt meine Mutter zu finden! Ich musste daran danken, wie umsichtig und weise sie mit mir und meinen Adoptiveltern sechs Jahre zuvor umgegangen war. Dass sie uns, obwohl sie so viel über illegale Auslandsadoptionen in aller Welt wusste, damals ihr Wissen noch vorenthielt, es uns ermöglichte, unsere eigenen Erfahrungen zu machen, und uns nicht vor den Kopf gestoßen hatte.

Und auch dieses Mal bewies Gita mir erneut, wie umsichtig und einfühlsam sie sein konnte. Sie bereitete mich sehr behutsam auf das Treffen mit Fatima und meiner Familie vor. Und sie warnte mich, dass ich nicht erschrecken sollte, wenn sich alle gleichzeitig auf mich stürzen würden.

»Für sie bist du eine Blutsverwandte. Es spielt für sie keine Rolle, dass sie dich noch nie gesehen haben. Für sie bist du ein Teil von ihnen.«

Bei diesen Worten brach ich unvermittelt, und für mich selbst überraschend, in Tränen aus.

»Macht dich das traurig?«, fragte Gita nach einer Weile. Und ich versuchte ihr zu erklären, dass ich das Gefühl hatte, mein Zuhause verloren zu haben, seit ich bei meinen Adoptiveltern ausgezogen war. Ich fühlte mich heimatlos und es tat so gut zu hören, dass ich hier eine Familie hatte. Ich war so berührt, dass ich das Gefühl fast nicht ertrug.

Und dann ist es so weit: Fatima und meine Familie warten auf mich. Es ist typisch für mich, dass ich jetzt auf einmal nichts mehr empfinde. Meine Gefühle sind wie abgeschaltet. Alles erscheint mir völlig unwirklich, ich fühle mich wie in einem Film und tatsächlich läuft ja auch die Filmkamera. Wir verlassen das Hotel und steigen in den Wagen. ›Jetzt fahren wir zu meiner Mutter‹, sage ich mir und kann es doch nicht glauben.

Während der Fahrt beginnt auf einmal mein Herz wie wild zu schlagen. »Gleich sind wir da«, sagt der Fahrer. Mir wird abwechselnd heiß und wieder kalt, meine Handflächen beginnen zu schwitzen. Und dann sehe ich schon von Weitem eine Menge Leute auf der Straße stehen, die uns zu erwarten scheinen, ein kleiner Menschenauflauf, und in ihrer Mitte eine Frau. Das muss sie sein.

Wir halten an. Ich sehe diese Frau an und weiß: Das ist meine Mutter. Simone sagt zu mir: »Komm, lass uns aussteigen.« Ich antworte: »Ja, okay«, und meine Stimme klingt ganz hibbelig und unnatürlich, ich erkenne sie fast nicht wieder. Trotzdem rühre ich mich nicht. Sie macht die Tür auf und sagt erwartungsvoll: »Komm schon. Worauf wartest du?« Aber ich kann mich noch immer nicht bewegen. Panik überkommt mich und ich fühle mich nervös und aufgedreht. Schließlich kommt Gita zur offenen Wagentür, schaut herein und fragt: »Kommst du? Was ist denn jetzt?«

Und ich sage: »Ich brauche noch ein bisschen Zeit...«

Alle werden ungeduldig und schauen mich erwartungsvoll und drängend an und wieder antworte ich mit einer Stimme, die mir fremd vorkommt. »Ich... kann jetzt nicht. Komm, wir fahren wieder.«

Alle sind ratlos. Ich atme tief durch. Am liebsten möchte ich davonlaufen, doch ich weiß, das geht jetzt einfach nicht, ich muss mich zusammenreißen. Noch einmal hole ich tief Atem, dann bitte ich meine Freundin, einfach schon einmal vorauszugehen. Mir wird klar, diesen Gang muss ich alleine machen, dabei kann mir niemand helfen. Nochmals atme ich ganz tief ein und wieder aus. Spreche mit mir selbst: »Komm Anisha, so schlimm wird es schon nicht werden. Du hast schon ganz andere Sachen erlebt.«

Und dann kann ich mich endlich aufraffen. Ich steige aus dem Wagen und gehe auf die Menschengruppe zu.

Dass währenddessen die Kamera lief, machte mir gar nichts aus in diesem Moment. Das war nicht der Grund für die Angst, die ich in diesen Augenblicken empfand. Eine diffuse Angst, so schlimm, dass ich am liebsten weggerannt wäre. Ich hatte Angst vor der Ungewissheit, vor dem, was jetzt kommen würde. Aber die größte Angst hatte ich davor, enttäuscht zu werden. Ich wusste, das, was jetzt vor mir lag, würde ich so annehmen müssen, wie es war. Ich hatte keinen Einfluss darauf, wer oder wie meine Mutter tatsächlich war.

Während ich die wenigen Meter vom Auto zu ihr zurücklege, habe ich plötzlich Mühe, meine Bewegungen zu kontrollieren, so als gehörten meine Glieder gar nicht zu mir. Ich hatte eigentlich immer ein sehr gutes Körpergefühl, schließlich hatte ich jahrelang getanzt, aber hier in dieser Situation, als ich auf meine Mutter zugehe, kommt es mir vor, als gehöre mein Körper zu jemand anderem. Auf einmal ist nichts mehr selbstverständlich. ›Was mache ich nur mit meinen Händen? Mit meinen Beinen?‹, frage ich mich. Ich muss mich konzentrieren, einen Fuß vor den anderen zu setzen, jeden Moment, so fürchte ich, könnte ich sonst hinfallen.

Ob es daher kam, dass ich damals, vor so vielen Jahren, unkontrolliert aus den Armen meiner Mutter gerissen worden war und jetzt, da ich mich zum ersten Mal wieder auf sie zubewegte, eine alte Erinnerung daran in mir aufkeimte und mich fast lähmte? Speichert nicht unser Körper all diese einschneidenden Erlebnisse, verbindet er nicht ein Gefühl daran und präsentiert uns dieses bei den für ihn passenden Gelegenheiten? Wer weiß, vielleicht ist so die Panik zu erklären, die mich während der wenigen Schritte vom Auto zu Fatima überfiel. Eine unendlich weite Strecke, auf der so vieles noch schiefgehen könnte. Und dann stehe ich vor ihr.

Das Erste, was mir auffällt: »Sie ist ja so klein!«

Zuhause in Deutschland bin ich es immer, die zu den Kleinen gehört, meine Freundin ist die Einzige, die noch ein paar Zentimeter kleiner ist, und hier überrage ich meine gesamte Verwandtschaft um mehrere Zentimeter! Und dann bemerke ich plötzlich, dass Fatima offenbar mindestens genauso viel Angst vor dieser Begegnung hat wie ich. Sie wagt es nicht einmal, mich richtig anzuschauen. Immer wieder sieht sie weg, nach unten oder zur Seite, und dabei lacht sie verschämt und auch ein bisschen hysterisch in sich hinein. Ich kann gar nicht sagen, wie sehr mich das irritiert, nach all den Jahren und der Mühe, sie zu finden, will ich meiner Mutter doch in die Augen schauen! Dann passiert etwas, was man sich wirklich nicht vorher ausmalt: In Fatimas Tasche klingelt ein Handy, und statt es einfach zu ignorieren, holt sie es tatsächlich heraus und meldet sich. ›Ist es denn zu fassen‹, denke ich. ›Da sehen sich Mutter und Tochter seit neunzehn Jahren zum ersten Mal wieder, und sie nimmt ein Handygespräch an.‹

Nach dieser bizarren Situation gingen wir gemeinsam auf eine Art Bank und setzten uns, im Schlepptau bereits einige interessierte Kinder und Erwachsene. Ich weiß nicht, was in ihr vorging während dieser ersten Stunde. Sie konnte mich nicht ansehen, wandte sich immer wieder leise und wie beschämt lachend ab, und ich war völlig ratlos über diese seltsame Reaktion. So kam es, dass ich ganz gegen meinen Willen ungeduldig wurde. Warum benahm sie sich so eigenartig? Und temperamentvoll und hitzig, wie ich nun einmal bin, hätte ich ihr am liebsten gesagt: ›Ich bin doch jetzt hier! Den ganzen weiten Weg bin ich gegangen, um zu dir zu kommen. Jetzt schau mich doch wenigstens an!‹

Als sie die älteren Frauen des Ortes später fragten, was sie so verlegen gemacht hätte, sagte sie: »Weil sie so groß ist!« Heute denke ich, sie war einfach nicht darauf vorbereitet, dass sie nicht eine indisch geprägte Tochter besuchen kam, sondern eine westliche junge Frau mit Haaren, die sie offen trug und die ihr als Pony ins Gesicht fielen, und einem offenen Lachen. Ich war davon ausgegangen, dass Gita Ramaswamy sie vorbereitet hatte, doch das war nicht geschehen. Vor jeder anderen Zusammenführung hatte Gita sich eingehend mit den Müttern unterhalten, damit sie sich darauf einstellen konnten. Aber in unserem Fall hatte Gita einfach keine Zeit dazu gehabt. Und darum, so fürchte ich, war Fatima von meinem westlichen Aussehen und Auftreten trotz des Salwar Kameez völlig überrumpelt. Nachdem sie ihren ersten Schrecken überwunden hatte, versuchte sie andauernd, mir die Ponyfransen aus dem Gesicht zu streichen. Auf die Neckereien ihrer Familie, warum sie mich gar nicht ansehe, meinte sie: »Mit den vielen Haaren vor ihren Augen kann ich sie ja gar nicht sehen.«

Ja, auch ich war von dieser Situation völlig überfordert. Viel zu viele Menschen waren um uns herum. Das ganze Viertel hatte sich inzwischen versammelt, unglaublich viele Leute, die alle dabei sein wollten, wenn Fatima ihre verlorene Tochter endlich wieder in die Arme schließt. Zu all den Menschen kamen noch meine Begleiter, und das war einerseits gut so, andererseits aber auch nicht. Alleine wäre ich sicherlich noch lange nicht zu meiner Mutter gefahren, selbst wenn es mir finanziell möglich gewesen wäre. Als wir die Reise zu Hause planten, da wollte ich sie alle bei mir haben: meine Freundin Simone, Arun und Gita, sie alle, so hoffte ich, würden mir helfen, mich stützen und mir Kraft geben. Ich hatte einen Teil meiner westlichen Welt mit nach Indien gebracht, weil ich geglaubt hatte, diesen Halt zu brauchen. Und sie taten auch alles, um mich zu unterstützen. Dennoch merkte ich in diesen Augenblicken der Wahrheit, als ich endlich meiner Mutter gegenüberstand und alles ganz anders war, als ich es mir ausgemalt hatte, dass mich ihre Gegenwart auf einmal störte. Es war wahrscheinlich der intimste Moment meines ganzen Lebens, bei dem nun die ganze Welt zusah. Ich wusste, Gita und Arun hatten so viel dafür getan, dass diese Begegnung möglich wurde. Hatten sie jetzt nicht als Belohnung verdient, dass ich meiner Mutter überglücklich in die Arme sinke? Aber wollte ich sie umarmen? Ging das überhaupt, so fremd, wie wir uns waren?

Mit dem Filmteam im Rücken beobachtete ein kleiner Teil von mir mich immer wieder auch von außen, so als stünden wir auf einer riesigen Bühne, und ohne dass ich es merkte, baute sich wieder ein gewisser Erwartungsdruck auf: Wie sieht denn das jetzt aus, wenn sich Fatima andauernd nur kichernd abwendet? Was muss ich jetzt tun? Was erwartet Fatima von mir, was erwarten die anderen?

Ich brauchte ein paar Tage, um zu begreifen, dass diese Denkweise meiner indischen Familie völlig fremd war. Denn nicht nur Fatima hatte auf mich gewartet, sondern die gesamte Verwandtschaft. Allen vorweg an der Seite meiner Mutter ihre eigene Mutter, meine Großmutter, und ihr Bruder Kalim, mein Onkel. Seine Frau und seine Kinder. Meine Großtanten, drei unglaublich tolle, starke Frauen. Und der zweite Mann meiner Mutter, Mastan, ein sehr freundlicher Mensch. Dazu noch zahlreiche weitere Cousinen und Cousins, Nachbarn und Freunde, und für sie alle war meine Rückkehr ein bewegendes Freudenfest, das rund eine Woche währte, denn so lange blieb ich in Indien.

Zum Glück hatte sich Fatima nach der ersten Begrüßung beruhigen können. Zwar wurde sie immer wieder von starken Emotionen überwältigt, aber inzwischen konnte sie sich wirklich darüber freuen, dass ich da war.

Schwierig war, dass wir nicht direkt miteinander reden konnten, sondern stets verschiedene Übersetzer zwischen uns saßen. Manchmal hatte ich auch das Gefühl, dass einer nicht genau das übersetzte, was ich sagte oder fragte. Überhaupt war dieser erste Tag inmitten meiner neuen Familie ein einziges riesiges Durcheinander. Fatima bat mich in ihr Haus, das nur aus einem einzigen kleinen Raum bestand. Es stank fürchterlich nach Kerosin, denn damit kochte sie. Von diesem Geruch wurde mir bald schlecht, meine Lymphdrüsen schwollen an. Meiner Freundin Simone ging es ähnlich. Ich überreichte meine mitgebrachten Geschenke, und unter vielerlei Erklärungen des Übersetzers wurden sie ausgepackt und bestaunt. Ständig kamen neue Leute dazu, die mich unbedingt sehen wollten, und in diesem Tohuwabohu bekam ich nur die Hälfte von dem mit, was wer zu wem oder zu mir sagte. Um uns herum war auch stets die Filmkamera präsent, die ich aber irgendwann gar nicht mehr wahrnahm. Ich war so fokussiert auf Fatima und meine Verwandten, darauf, mit ihnen in Kontakt zu kommen, sie zu verstehen und mich ihnen verständlich zu machen, dass alles andere verblasste.

Doch schon an diesem ersten Tag zeichnete sich ab, was sich in den folgenden Tagen bestätigen sollte: Ich würde auch hier keine Antworten auf die für mich so wichtigen Fragen bekommen. Denn meiner indischen Familie, das lernte ich erst später, ging es um ganz andere Dinge als mir. Ich wollte endlich die Fakten hören, wollte von Fatima wissen, wie sich damals alles abgespielt hatte. Natürlich fiel ich mit diesen Fragen nicht mit der Tür ins Haus – zumindest nicht nach westlichen Maßstäben. Nicht ausgeschlossen, dass ich für indische Verhältnisse viel zu direkt war. Und vielleicht lag es daran, dass der Übersetzer, selbst Inder, gewisse Fragen beim Übersetzen einfach herausfilterte.

Meiner Familie waren die Fakten nicht so wichtig. Sie sind es nicht gewöhnt, so kompliziert zu denken, wie ich es seit meiner frühesten Jugend an habe lernen müssen, um keinen Ärger zu provozieren und den Ansprüchen um mich herum zu genügen. Ihnen ging es um etwas ganz anderes, etwas viel Tieferes. Etwas, was ich inzwischen »das Herz« nenne. Für sie waren ganz andere Fragen wesentlich. Sie wollten wissen, wie es mir geht. Wie ich mich fühle. Ob ich gesund bin. Was mich glücklich macht und was nicht. Sie wollten mir unbedingt zeigen, dass sie mich lieb haben und in ihren Kreis aufnehmen. Und ich spürte, dass sie sich wünschten, dass auch ich mein Herz für sie öffnete und eine von ihnen würde. Das alles war wunderschön und berührte mich tief. Aber war ich zu all dem bereit? Konnte ich sie in mein Herz schließen, eine von ihnen werden, einfach so? Konnte ich so viel Nähe und Liebe ertragen?

Meine indische Familie

Ich war noch keine zwei Tage in Hyderabad, als bereits in den Zeitungen über mich berichtet wurde. Auf diese Weise erfuhr auch Schwester Teresa von meiner Anwesenheit, was sie zum Anlass nahm, meine Adoptiveltern in Deutschland anzurufen und ihnen tüchtig den Marsch zu blasen. Während meine Adoptivmutter sich wahrscheinlich schrecklich aufregte, erzählte mir mein Vater, dass er irgendwie erleichtert war: Jetzt wusste er wenigstens, wo ich war. Dass ich ihn nicht in meine Pläne eingeweiht hatte, das schmerzte ihn schon. Doch viel später sagte er mir, dass es tatsächlich besser so gewesen sei. Denn hätte er vorher gewusst, dass ich vorhatte, mit einem Fernsehteam nach Indien zu fahren, um meiner Mutter zum ersten Mal zu begegnen, dann wären seine Sorgen noch viel größer gewesen.

Ich ahnte natürlich währenddessen nicht, dass Schwester Teresa meine Eltern bereits informiert hatte, und das war ebenfalls gut so, denn ich war voll und ganz damit beschäftigt, das Wiedersehen mit meiner Mutter zu erleben und jeden Abend im Hotel zu verarbeiten, was ich an diesem Tag erlebt hatte.

In Hyderabad erweckte mein »Fall« große Aufmerksamkeit, und eines Morgens standen zwei junge Männer vor meinem Hotelzimmer. Sie waren aus Hyderabad stammende Inder, die in Deutschland lebten und arbeiteten und dort auch studiert hatten. Sie waren gerade zu Besuch bei ihren Familien und hatten einen Bericht über mich im Fernsehen gesehen. Nun wollten sie gerne selbst aus erster Hand meine Geschichte hören. Sie fragten, ob sie uns irgendwie helfen könnten. Wir unterhielten uns ein bisschen miteinander und ich stellte fest, dass sie ausgesprochen nett waren. Sie boten an, für mich direkt aus dem Deutschen zu übersetzen, was mich unheimlich freute, und schon bald hatten wir uns miteinander angefreundet. Auch später, als ich wieder in Deutschland war und das Briefeschreiben von vorne begann, half mir besonders einer von ihnen, Amjad, oft dabei, sie zu übersetzen. Und auch wenn ich mit Fatima telefonierte, übersetzte er für mich.

In der darauffolgenden Woche trafen wir uns fast jeden Tag mit Fatima und ihrer Familie. Mal versammelten wir uns im Haus meines Onkels, dann bei meinen Großtanten. Immer wieder brauchte ich eine Pause zwischen diesen Besuchstagen, denn sie waren unsagbar anstrengend für mich. Beim zweiten Treffen hatte sich Fatimas erste große Aufregung gelegt. Dennoch konnte sie sich mir nur langsam öffnen. Immer wieder schlug sie die Hand vor den Mund, wenn sie mich ansah, schloss die Augen und atmete tief ein und aus. ›All die verlorenen Jahre‹, mag sie vielleicht gedacht haben, ›gerade war sie noch das kleine Baby, das mir Schwester Teresa vom Arm zog, und nun steht eine erwachsene Frau vor mir – und ist so vollkommen fremd.‹ Und dann liefen ihr die Tränen über das Gesicht, Tränen, die sie sofort wieder wegwischte und mit einem Lachen Lügen strafen wollte. So viele Emotionen, so viel Leid, so viel Freude, gemischt mit Schmerz. Worte können kaum beschreiben, was ich damals empfand.

Wenn ich an diese Woche voller Begegnungen zurückdenke, dann verschwimmen die Ereignisse in einer bunten Wolke aus Erinnerungsbildern. Die unglaublich schönen Hände der indischen Frauen meiner Familie, die sie beim Sprechen so anmutig bewegten, um ihre Worte zu unterstreichen. Ihre wunderbaren glänzenden schwarzen Haare, manche von ihnen gelockt, andere glatt, die sie meist kunstvoll zu einem traditionellen indischen Zopf geflochten trugen. Die bunten Muster der Saris und Salwar Kameez. Der klimpernde Schmuck, der sich um Armgelenke und Fußknöchel schmiegte. Die helleren Handflächen meiner Mutter, auf der sich die feinen Linien dunkel abzeichneten. Die wenigen Momente, wenn ein strahlendes Lachen ihr ansonsten ernstes und verschlossenes Gesicht zum Leuchten brachte und sie für wenige Augenblicke unbeschwert und glücklich erscheinen ließ. Man kann meiner Mutter ansehen, was sie durchgemacht hat, der Verlust ihres Kindes, das Unrecht, das ihr angetan wurde, das alles brennt in ihr und scheint sie innerlich zu verzehren. Auch auf Fotos wirkt sie oft still und in sich gekehrt, ihre Augen sind niedergeschlagen, den Blick hat sie auf den Boden gerichtet, so als ginge er nach innen oder in die Vergangenheit. Bei all dem geht von ihr eine große Würde aus. Gita hatte behauptet, ich sähe Fatima ähnlich, und ich war ein wenig enttäuscht, als ich ihr gegenüberstand und davon so gar nichts bemerkte – auch meine Freundin erkannte kaum Ähnlichkeiten zwischen uns. Weder in ihrem Gesicht noch in ihrer Statur fand ich mich wieder. Erst im Nachhinein ist mir aufgefallen, dass wir manchmal den gleichen Blick und hin und wieder die gleiche Art zu lachen haben. Das kommt nicht häufig vor, und doch gibt es diese kleinen, versteckten Übereinstimmungen.

Es gab eine Szene zwischen uns, die mich amüsierte. Sie schien endlich genügend Mut gefasst zu haben, um mich zu berühren. Wir hatten uns bislang nicht wirklich in die Arme genommen, für mich ist das ohnehin sehr schwierig, denn so viel Nähe bin ich nicht gewohnt. Doch dann, nach einer Weile, begann Fatima ganz fein und leicht an mir herumzuzupfen, mich hier und dort zu berühren, so als müssten sich ihre Hände vergewissern, dass ich auch tatsächlich da war. Scheu wie ein Reh erschienen mir diese Berührungen, leicht und flüchtig. Und dann, nachdem sie immer wieder mein langes, offenes Haar begutachtet hatte, ergriff sie auf einmal die Initiative: Unter sprudelnden Worten, die ich natürlich nicht verstand, sprang sie auf und raffte meine Mähne zusammen. ›Okay‹, dachte ich, ›sie will mich irgendwie frisieren.‹ Auf einmal hatte sie einen Kamm in der Hand, so einen, wie man ihn für Hochfrisuren verwendet, und ehe ich mich versah, kämmte sie mich und fasste mein Haar im Nacken mit einem Gummiband zusammen. Ob ich das wollte oder nicht, danach fragte sie mich nicht. Es schien ihr ein unwiderstehliches Bedürfnis, meine Haare zu berühren und zu ordnen, offenbar empfand sie das offene Haar als unpassend. Und wieder war da jemand, der mir in den Haaren herumfummelte, was ich eigentlich gar nicht wollte. Von Fatima konnte ich das in diesem Moment annehmen, doch wenn ich mir heute die Filmaufnahmen unseres Wiedersehens ansehe, dann sehe ich an meinem Gesichtsausdruck deutlich, dass ich nur widerwillig gute Miene zu diesem Spiel machte. Und dennoch amüsierte mich ihre Art.

Nun saßen wir also nebeneinander auf einer gemauerten Bank, und dennoch trennten uns noch immer Welten. Wir legten die Arme übereinander und stellten fest, dass ich, so dunkel ich im Vergleich mit meinen deutschen Freunden bin, viel hellere Haut habe als sie. Das waren kleine Momente der Annäherung, ihre Haut an meiner, ihre Wärme, die sich auf mich übertrug. Dann sagte sie etwas und ich verstand es nicht. Da war sie wieder, die Fremdheit. Sie bedeutete mir, dass ihr meine Ohrringe gefielen, und so zog ich einen aus und steckte ihn ihr ins Ohr. Kleine Spiele, um die Nähe auszukosten, auszuprobieren, umringt von allen Nachbarn, Verwandten, dem Fernsehteam, inmitten eines Riesengedränges. Denn jeder wollte einen Blick auf die wiedergefundene Tochter werfen.

Wir waren das Zentrum eines großen Schauspiels. »Das ist Indien«, hatte Gita gesagt, und auch ich hatte Zuschauer mitgebracht. Und vielleicht war das auch gut so. Vielleicht ist es falsch, es im Nachhinein zu bewerten, vielleicht gibt es gar kein »gut« oder »schlecht«. Es war, wie es war, und egal, unter welchen Umständen unser Wiedersehen stattgefunden hätte, einfach wäre es in keinem Fall gewesen.

Bei meiner Reise nach Indien und dieser Begegnung mit meinen Wurzeln ging es nicht nur um Fatima und mich. Es gab auch noch eine große Familie, die genauso zu mir gehörte. Ich betrachtete sie als Riesengeschenk, und ich war neugierig auf jeden Einzelnen von ihnen. Da war mein Onkel Kalim, der jüngere Bruder meiner Mutter, der mich so selbstverständlich und herzlich in der Runde aufnahm. Die Art und Weise, wie er dasaß und dabei zugleich Autorität und Güte ausstrahlte, beeindruckte mich sehr. Besonders ans Herz ging mir eine Situation am Ende eines der ersten Tage, als wir uns verabschiedet hatten, um zurück ins Hotel zu fahren. Diese Abschiede, und wenn sie nur für eine Nacht waren und ich am nächsten Morgen wiederkam, waren für meine Mutter immer eine kleine Katastrophe. So als verlöre sie ihre Tochter immer wieder von Neuem. Doch auch den anderen ging dieses Wiedersehen auf Zeit mit seinen immer wiederkehrenden Abschieden an die Nieren. Als wir fuhren, sah ich meinen Onkel am Straßenrand stehen, seine Frau neben ihm. Es dämmerte bereits, er trug seine kleine Tochter auf dem Arm und wiegte sie mechanisch auf und ab. Sein Gesicht drückte so viel ehrliche Trauer aus, wie ich es noch nie zuvor bei einem Mann gesehen hatte. Sogar Tränen liefen ihm über die Wangen, die er rasch abwischte, bevor er sich abwandte. Er wollte nicht, dass man ihn zu lange so sah. Es war nur ein Augenblick, aber er wird unauslöschlich in meiner Erinnerung erhalten bleiben. Normalerweise ist es mir unangenehm, wenn Männer weinen, aber hier war es so ehrlich und aufrichtig, dass es mich tief in der Seele rührte. Dennoch konnte ich es kaum fassen. Ich kannte diese Menschen erst seit wenigen Tagen, und doch gab es von ihrer Seite bereits diese Herzensverbindung. Im Gegensatz zu meinen indischen Verwandten weinte ich bei diesen Verabschiedungen nie.

Den dritten Tag meines Besuches habe ich in ganz besonders schöner Erinnerung. Wir gingen zu meinem Onkel, das ganze Haus und der Platz davor waren voller Leute, und sie alle waren meine Verwandten. Längst hatte ich die Hoffnung aufgegeben, in der kurzen Zeit durchzublicken, wer wer war und wer wie mit mir verwandt war. Es gab eine Menge Tanten und vor allem die Großtanten, die Schwestern meiner Oma Yusuf Bi, die mir unglaublich imponierten. Alle waren in bunte Saris gehüllt, bewegten ihre Hände ähnlich anmutig wie meine Mutter beim Sprechen, an ihren Handgelenken klimperten und glitzerten Armreifen. Wir saßen zusammen beim Essen, es gab leckere Pakoras, in Kichererbsenmehl herausgebackene Gemüsestückchen, und immer wenn ich meine Schale geleert hatte, lud mir meine Mutter noch mehr hinein. Bis ihr auch diese Fürsorge auf einmal nicht mehr ausreichte und sie begann, für mich ganz besondere Leckerbissen auszusuchen und sie mir in den Mund zu schieben.

Zunächst fand ich das schön. ›Jetzt füttert sie mich wie ein kleines Kind‹, dachte ich und genoss es. Bis mir plötzlich einfiel, wie unhygienisch das doch war und dass ich keine Ahnung hatte, was sie zuvor angefasst hatte. War das nicht gefährlich für meinen europäischen Magen? Konnte ich mir auf diese Weise nicht eine Krankheit holen?

Im Nachhinein denke ich, dass es kein besseres Beispiel für meine zweigeteilte Seele gibt. Die Instinkte meiner Herkunft ließen mich diese ungewöhnlichen Liebesbezeugungen meiner Mutter einfach nur genießen. Doch es dauerte nicht lange, und mein europäisch konditionierter Verstand schob seine Bedenken hinterher und schuf sofort wieder Distanz zwischen mir und meiner Mutter.

Ich musste mich häufig recken und strecken, denn das viele Sitzen auf dem Boden tat meinem schmerzenden Rücken gar nicht gut. Und sofort bemerkte meine Mutter, was mit mir los war. Sie setzte sich hinter mich und begann mich sanft und doch kräftig zu massieren. Meine Güte, tat das gut! Und endlich konnte ich mich so richtig entspannen und ihren Händen hingeben. Die fanden wie selbstverständlich all die besonders schmerzenden Stellen, übten immer genau den richtigen Druck aus, sodass ich aus dem Staunen gar nicht mehr herauskam. Ohne Worte hatte sie eine Nähe zu mir gefunden, die ich annehmen konnte.

»Wo ist eigentlich meine Großmutter?«, fragte ich nach einer Weile. »Können wir sie nicht besuchen?«

»Sie wohnt etwas außerhalb der Stadt«, erklärte mir mein Onkel. Und nach kurzer Beratung mit den anderen fragte er mich: »Möchtest du sie nach dem Essen besuchen fahren?«

»Oh ja!«, sagte ich.

Auf Yusuf Bi war ich unglaublich gespannt. Ich hatte Fotos von ihr gesehen und alle fanden, dass ich mit ihr große Ähnlichkeit hatte. Ich erfuhr, dass meine Cousine

Shabana, die drei Jahre jünger war als ich, bei ihr wohnte. Und auch sie wollte ich unbedingt kennenlernen. Denn sie war die Einzige in der Familie, die ungefähr in meinem Alter war. Shabana war die Tochter der Tante, die sich auf so tragische Weise das Leben genommen hatte. Auch sie hatte also in jungen Jahren ihre Mutter verloren.

»Was meinst du«, richtete eine meiner drei Großtanten das Wort an mich, »wäre es nicht schön, wenn wir dich so richtig traditionell indisch einkleiden, ehe du zu deiner Großmutter kommst? Ich habe einen Beautysalon und verkaufe auch Saris. Außerdem kann man sich bei mir Mehndi-Malereien mit Henna auf die Hände machen lassen. Wenn du willst, richten wir dich vor dem Besuch richtig schön her.«

Ein Beautysalon in diesem einfachen Wohnviertel? Schon lange hatte ich die legendären Bodypaintings auf Händen und Füßen nach Art der Mehndi-Malerei kennenlernen wollen! Und nun sollte ich traditionell indisch eingekleidet werden? Das klang toll. Und so beschlossen wir, nach dem Essen zum Haus meiner Großtante zu gehen. Natürlich waren alle anderen auch mit von der Partie. Es ging nur um ein paar Ecken, und schon waren wir da. Zunächst zeigten mir meine Großtante und ihr Mann voller Stolz ihren »Rosengarten«, und ich bewunderte die Terrasse mit dem Rosenstrauch, der in voller Blüte stand. Von dort ging es über einen Teppich in den Schönheitssalon, und mit viel Getöse und Gekicher wurden alle Männer weggescheucht.

»Das ist Frauensache«, darauf bestanden meine Mutter und meine Großtanten im Chor. »Wir machen Anisha jetzt hübsch! Da habt ihr Männer nichts dabei zu suchen.« Und damit war die Sache klar.

Von der Terrasse traten wir durch eine Tür, vor der ein vielfarbiger, leuchtender Vorhang sacht im Wind flatterte. Seit ich denken kann, liebe ich diese Farben, Stoffe und schnörkligen Muster. Vielleicht ist das ein Teil meines indischen Erbes, dass ich mich am liebsten in kräftige Farben kleide, ungeachtet aller Modetrends. Und so schlug mein Herz in diesem kleinen Raum mit den ganzen Spiegeln und Kommoden gleich höher, als ich die Tücher an den Wänden, die Schalen mit Haarspangen und Schminkutensilien sah.

Und dann ging es los. Alle begannen gleichzeitig an mir herumzufummeln. Die einen wollten mein Haar flechten. Die anderen sagten: »Zuerst müssen wir ihr einen Sari aussuchen.« Als ich die vielen bunten Saris im Nebenraum erblickte, gingen mir fast die Augen über; so viele Varianten, in allen Farben des Regenbogens!

»Was gefällt dir am besten?«, wollte meine Großtante wissen. »Türkis? Oder Orange? Weinrot oder Pink?« Und schon hatte sie einen pinkfarbenen Sari aus dem Regal gezogen. »Das wird dir stehen«, sagte sie im Brustton einer Expertin und begann den Sari aufzuwickeln.

›Oh Gott‹, dachte ich, ›alles andere, nur kein Pink!‹, aber ich traute mich nicht, ihr zu widersprechen. Fatima aber schien als Einzige mein Zögern nicht nur bemerkt zu haben, sondern es auch richtig zu interpretieren.

»Lasst uns den orangefarbenen Sari nehmen«, sagte sie und sah mich dabei leise lächelnd an. Ich nickte begeistert und fand es wunderbar, dass sie offenbar meine Gedanken lesen konnte.

Nun begannen sie alle gemeinsam, mich auszuziehen. Eine zog an meiner Hose, die andere an meiner Bluse. Irgendwie war es mir schon sehr unangenehm, als sie anfingen, auch noch an meinem BH herumzuzupfen. Für sie war es normal, denn in Indien empfinden Frauen untereinander kein Schamgefühl, egal ob sie sich kennen oder nicht. Ich jedoch hatte das Gefühl, dass sie allzu schnell in meine Intimsphäre eindrangen, und schließlich war ich diejenige, die entblößt war. Doch am Ende waren wir alle

Frauen und sogar miteinander verwandt, und so war es für mich, nachdem ich mich an die Situation gewöhnt hatte, auch in Ordnung.

Ein Sari besteht aus einem ellenlangen Stück Stoff, das um den Körper gewickelt wird, und darunter trägt man eine eng geschnittene, miederähnliche Bluse mit kurzen Ärmeln. Und nun begann die große Einwickelei. Ich wollte unbedingt aufpassen und mir merken, wie man einen Sari richtig anzieht. Doch alles ging viel zu schnell. Ich wurde gedreht und mit geübten Bewegungen schlang meine Großtante in äußerster Konzentration ruck, zuck das lange Stück Stoff um meinen Körper, steckte ihn hier und dort mit Nadeln fest, und fertig war die Ankleidezeremonie.

Zum ersten Mal in meinem Leben trug ich nun also einen Sari. Vielleicht stimmt das Sprichwort »Kleider machen Leute« wirklich. Erst viel später wurde mir bewusst, dass in vielen Kulturen das Anlegen von bestimmten Kleidern eine Art Initiation bedeutet. Man trägt einen Sari und gehört dadurch plötzlich zu den anderen indischen Frauen. Und damit nicht genug: Trägt man einen Sari, dann muss man erst einmal lernen, sich darin zu bewegen, zu gehen, sich hinzusetzen und wieder aufzustehen, ohne dass das ganze Stoffarrangement verrutscht. Und damit wird man noch mehr eine von ihnen, weil man sich nun auch verhält und bewegt wie eine Inderin.

Nachdem ich eingekleidet war, führten mich die Frauen meiner Familie wieder in den ersten Raum zurück, denn nun ging es ans Frisieren und Schminken.

»Was machen wir mit ihren Haaren?«, war nun die wichtigste Frage. Meine Großtante versuchte, die Locken aus meiner Mähne herauszukämmen.

»Du hast so wunderschöne Haare«, sagte sie auf Englisch. »Darf ich dir einen Zopf flechten?«

»Ja«, klang es im Raum von allen Seiten wider, »einen Zopf!«

Ich mochte es nicht sonderlich gern, wenn meine Haare so streng zusammengebunden waren, und hatte mich immer dagegen gewehrt, mein dickes Haar im Nacken zu so einer Kordel flechten zu lassen. Und offenbar verstand meine Großtante das auch ohne Worte und begann, mir ganz eng am Kopf an meinem Gesicht entlang mein Haar zu einem kleinen Zopf zu flechten, die restlichen Haare ließ sie offen den Rücken hinabfallen. Das sah schön aus, ich gefiel mir mit dieser Frisur, die irgendwie ein Zwischending war: nicht europäisch und nicht wirklich indisch, aber von beiden Kulturen etwas. Inzwischen hatte mein Onkel von den Rosensträuchern eine Blüte abgeschnitten. Er reichte sie herein, und mit einer Spange, die meine Mutter aussuchte, steckte meine Tante sie mir ins Haar.

Doch noch war ich nicht fertig: Nun kam mein Gesicht dran und ich wurde geschminkt. Ich hatte nie davor Makeup getragen, aber hier ließ ich einfach alles über mich ergehen. Zuerst bekam ich Puder ins Gesicht, dann strich mir meine Großtante Lippenstift auf die Lippen. Und es sah toll aus, denn zum ersten Mal wurde ich von jemandem hergerichtet, der wusste, wie man eine Inderin richtig schminkt.

Als wir fertig waren, durften auch die Männer hereinkommen und mich bewundern. Und das taten sie, so sehr, dass es mir schon wieder peinlich war. Ich wurde hinausgeführt, wo noch mehr Schaulustige warteten, und ich kam mir vor wie auf einer Modenschau. Oder wie eine Braut. Ja, mein Onkel sagte sogar: »Jetzt können wir sie bald verheiraten.« Ich hoffte sehr, dass er nur einen Scherz machte.

Erst später auf den Fotos sah ich, dass Fatima und ich immer zufällig Farben trugen, die wunderbar miteinander harmonierten, obwohl wir vorher nie wussten, was die andere anhaben würde. Auch wenn wir nicht direkt miteinander reden konnten, gab es offenbar eine Ebene, auf der wir uns wortlos verstanden. Und das macht mich noch heute glücklich.

Nun waren wir bereit, um meiner Oma einen Besuch abzustatten. Wir fuhren in verschiedenen Autos, und ich saß mit meiner Mutter, meinem Onkel, seiner Frau und deren kleiner Tochter Taslim in einem Wagen. Ich durfte die Kleine während der gesamten Fahrt auf dem Schoß halten und verliebte mich total in dieses süße Kind. Ich musste an die alten Fotos von mir denken: diese riesigen schwarzen Augen, die Lockenpracht, diese eigentümliche Form von Nase und Mund. Ich fand eine Menge Ähnlichkeiten zwischen uns. Und sie war ja auch etwa im selben Alter wie ich, als ich nach Deutschland kam.

Als wir ankamen, war es bereits dunkel geworden. In einer großen Karawane zogen wir durch die engen Gassen. Mein Onkel trat zu mir und nahm mich fest bei der Hand, und ich spürte, er würde auf mich aufpassen, egal, was passierte. Jetzt, wo ich so schön angezogen und hergerichtet war, würde er dafür sorgen, dass mich ja keiner klaute. Und während wir so gingen, er aufrecht und Respekt einflößend an meiner Seite, meine Hand fest in seiner, da wurde mir ganz warm ums Herz. Es war ein weiches und schönes Gefühl, unter seinem Schutz zu stehen, zu fühlen, dass ich zu ihnen gehörte und er dafür sorgen würde, dass ich heil ankam.

›Jetzt trage ich einen Sari‹, dachte ich, ›und einen Zopf. Jetzt falle ich sicher nicht mehr auf.‹ Doch wieder irrte ich mich. Die Menschen um uns herum blieben stehen und starrten uns nach. Und das nicht nur wegen der Kamera, die uns folgte, neben uns ging und uns überholte, nicht nur wegen des Scheinwerferlichts, das auf uns gerichtet war, sondern weil ich immer noch wie eine Europäerin ging, herumschaute, offen lachte, gestikuliere, mit meinen Händen herumzeigte. Diese Seite an mir konnte ich – Initiation hin oder her – doch nicht so leicht abstreifen. Und das wollte ich auch nicht. Sie gehörte zu mir, und ich fühlte, dass ich wohl nie eine hundertprozentige Inderin werden würde. Eine Inderin lacht zum Beispiel nicht so offen, wie wir es tun. Sie zeigt selten ihre Zähne beim Lachen, wodurch ihr Lächeln immer etwas verschämt und schüchtern wirkt. Diese Frauen, das wurde mir in diesen Tagen klar, sind jedoch alles andere als verschämt und schüchtern. Sie sind stark und selbstbewusst, auch meine Mutter Fatima. Um das erkennen zu können, muss man lernen, unter die Oberfläche zu sehen. Eine Kunst, die Einfühlungsvermögen und vor allem Zeit braucht.

Wir kamen beim Haus meiner Großmutter an und betraten eine winzige, niedrige Kammer. Ich kam mir vor wie eine Riesin und für einen Moment schnürte mir die Enge den Atem ab. Auch unser Kameramann, fast zwei Meter groß, musste sich zusammenfalten wie ein Zollstock und sich irgendwie in eine Ecke quetschen. Es war dunkel, nur ein paar Kerzen brannten, der Raum erschien mir wie eine magische Höhle, weit weg von allem. Ich brauchte eine Weile, bis ich etwas erkennen konnte. Meine Tante setzte sich neben mich und begann, die kleine Taslim zu stillen. Ich sah ihr dabei zu, wartete, was passieren würde. Erst nach einer Weile bemerkte ich, dass in einer Ecke eine uralte Frau im Lotossitz auf dem Boden saß, schlank und zierlich wie ein Vögelchen, mit wunderschönen Gesichtszügen, das schlohweiße Haar zu einem lockeren Knoten zusammengebunden. Sie machte mit den Händen seltsame wedelnde Bewegungen und stützte immer wieder ihren Kopf in sie. Ihre Augen glitzerten im Kerzenlicht. In der Kammer befand sich auch ein Bett, auf dem noch eine Frau saß, die ich zunächst für meine Großmutter hielt. Sie war jedoch eine ihrer Schwestern. Ich wartete. Wann würde meine Großmutter erscheinen?

Es war der Übersetzer, der sie schließlich ankündigte. Er steckte seinen Kopf in die Kammer und erklärte mir, wer die Anwesenden waren. Die winzige Frau in der Ecke war meine Urgroßmutter, die, wie ich erfuhr, bereits hundert Jahre alt war! Und dann sagte er: »Die Frau, die jetzt gleich kommt, das ist deine Großmutter.«

Und dann betrat sie den Raum. Ich sah Yusuf Bi vielleicht fünf Sekunden lang an, dann hatte ich sie bereits in mein Herz geschlossen. Ihr graues Haar hatte sie mit Henna gefärbt, und aus ihren Augen sprach eine unglaubliche Herzlichkeit. Sie nahm mich in ihre Arme und begann herzzerreißend zu weinen. Gleichzeitig wischte sie sich ihre Tränen sofort wieder weg, wollte mir nicht die Bürde aufladen, sie trösten zu müssen. Doch mein Anblick wühlte sie zu sehr auf. Vielleicht, weil ich sie an ihre zweite Tochter erinnerte, die sich aus Kummer über ihre unglückliche Ehe das Leben genommen hatte. Auf Bildern konnte ich sehen, dass ich ihr wie aus dem Gesicht geschnitten war. Mir ging es ähnlich, ich erkannte mich im Gesicht meiner Großmutter wieder, und im Grunde war diese Begegnung so, wie ich sie mir mit meiner Mutter gewünscht hätte.

Yusuf Bi war ungefähr so alt wie meine Adoptivmutter in München, während Fatima gerade mal sechsunddreißig Jahre alt war, jünger, als meine Adoptivmutter vor achtzehn Jahren gewesen war, als ich nach Deutschland kam. Das alles verwirrte mich und sorgte dafür, dass ich eher meiner Großmutter die Gefühle entgegenbrachte, die eigentlich meiner Mutter hätten gelten sollen. Meine Großmutter weinte, wischte ihre Tränen fort, setzte sich neben mich, tätschelte mir den Arm, als wollte sie sagen: ›Jetzt reißen wir uns schön zusammen, nicht wahr?‹ Ich war unglaublich berührt von ihrer Gegenwart, und auf einmal wurde mir bewusst, dass hier in diesem höhlenartigen, winzigen Raum all die Frauen versammelt waren, die mir nahestanden: meine Mutter, meine Großmutter, meine Cousine Shabana, die mit Yusuf Bi gekommen war, meine

Großtanten, meine Freundin Simone aus Deutschland und die winzige, zarte Urgroßmutter dort in ihrer Ecke.

Und dann, völlig unvermittelt, begann diese Hundertjährige zu sprechen. Sie hatte keinen einzigen Zahn mehr im Mund und dennoch strahlte sie eine solche Würde und Güte aus, dass es mir fast den Atem nahm.

»Es ist schön, dass du jetzt bei uns bist«, sagte sie. Dabei wirkte sie so gefestigt, als überblicke sie von ihrem Platz in der Ecke der Kammer aus nicht nur unsere Situation, sondern die ganze Welt. Ich sah mich um. Unwillkürlich hatten sich alle an den Händen gefasst und lauschten den Worten der Ältesten im Raum.

»Du bist ein Teil von uns. Du gehörst zu uns, und wir nehmen dich auf in unserer Liebe. Aber du musst dich nicht gezwungen fühlen, hier zu bleiben, auch wenn dein Platz für immer hier unter uns ist, du bist frei, dein Leben zu leben.«

Als mir diese Worte übersetzt wurden, war es, als würde ein Damm in mir brechen, auf dem seit dem Anfang meines Lebens ein unbeschreiblicher Druck gelastet hatte. Und nun brach es einfach so aus mir heraus, mein Schmerz, meine Freude, meine Liebe und meine große Enttäuschung. Ich musste so weinen, dass ich von Schluchzern geschüttelt wurde und am ganzen Leib zitterte. Meine Cousine legte den Arm um mich und tröstete mich. Sie war unglaublich schön, lächelte und wischte mir die Tränen ab, und für einen Augenblick kam ich mir vor wie in einem Bollywoodfilm. Sie wischte so eifrig die Tränen von meinem Gesicht, dass sie mir dabei mein Nasenpiercing herausriss. Doch das war mir in diesem Moment vollkommen egal.

»Sag ihr«, sprach meine Urgroßmutter zum Übersetzer gewandt, »sie soll wieder zurück nach Deutschland gehen. Sie soll ihre Ausbildung machen, einen Beruf erlernen, auf eigenen Füßen stehen. Sie darf ihr Leben nicht aufgeben, um bei uns zu bleiben. Aber eines soll sie wissen: Hier bei uns hat sie immer einen Platz.« Und an mich gewandt fuhr sie fort: »Und wenn du traurig bist, mein Kind, dann kannst du immer zu uns kommen.«

Vielleicht war das der wichtigste Moment meiner Reise. Mitten unter den Frauen meiner Familie hatte mir die Älteste von ihnen meinen Platz zugewiesen. Dass ich immer willkommen war. Dass ich einen Ort hatte, wo ich sein konnte. Und da wurde mir bewusst, wie schmerzlich ich ein Zuhause vermisst hatte, einen Ort, von dem ich wusste: Hier kann mir nichts passieren. Hier fühlte ich mich zum ersten Mal einfach so geliebt, wie ich war, ohne Bedingungen, ohne Wenn und Aber. Diese alte Frau, die nicht wusste, was ein Leben in Deutschland bedeutet, hatte den Weitblick und die Größe, mich gleichzeitig in die Familie aufzunehmen und mir meine Freiheit zu lassen. Hier an diesem Ort liebte man mich so, wie ich war, ohne Konditionen, ohne Anspruch, ohne Verpflichtung.

Und mir wurde noch etwas anderes bewusst. So fremd ich mich hier noch fühlte, so empfand ich trotzdem auf einmal eine tiefe Verbundenheit mit den Frauen meiner Familie. Es war, als spürte ich den Schmerz und die Leiden, die sie alle erduldet hatten, angefangen bei meiner Urgroßmutter über meine Großmutter und deren Schwester zu meiner Mutter Fatima und deren Schwester, und in ihrem Schmerz erkannte ich meinen eigenen Schmerz wieder, der bis dahin so völlig unbenennbar und unerklärlich gewesen war. Die dunkle Wolke der Depression hatte einen Ursprung, es war, als hätte ich von klein auf das Leiden meiner Ahninnen in mir getragen. Und auch wenn unsere Leben bislang unterschiedlich verlaufen waren, diese Erfahrung verband uns für immer und ewig miteinander.

Nach einer Weile, ich weiß nicht mehr, wie viel Zeit vergangen war, gingen wir wieder. Draußen ergriff mein

Onkel wieder meine Hand und führte mich zum Wagen. In mir tobte ein Meer aus unterschiedlichen Empfindungen. Die Worte meiner Urgroßmutter hatten mich tief in meiner Seele berührt. Ich fühlte, dass sie mir ein unendlich großes Geschenk gemacht hatte mit ihren Worten. Und ich spürte, dass sie recht hatte. Ich würde noch oft zurückkehren, aber für immer bleiben – das würde mir nicht möglich sein. Und meine Urgroßmutter mit ihren einhundert Jahren Lebenserfahrung wusste das. Sie hatte das ausgesprochen, was bislang keiner gewagt hatte zu sagen. Dass ich zwar zu dieser Familie gehörte, mein Platz aber dennoch für viele weitere Jahre in Deutschland sein würde. Wahrscheinlich sogar für immer.

An diesem Abend wurde mir klar, dass alle es wussten. Auch wenn Fatima mich bei jeder Gelegenheit fragen ließ, wann ich das nächste Mal zu Besuch käme. Sie wusste, dass sie mich immer wieder verlieren würde, dass ein Wiedersehen auch jedes Mal bedeuten würde, mich erneut gehen zu sehen. Das war der Grund, warum sie jeden Abend so herzzerreißend weinte, wenn wir uns für die Nacht verabschiedeten. Jeder noch so kleine Abschied erinnerte sie nicht nur an jenen Tag, an dem man mich ihr weggenommen hatte. Er erinnerte sie daran, dass Abschiede unser ganzes weiteres Leben bestimmen würden. Und das war traurig. Mit jedem Schritt, den ich mich von dieser Kammer entfernte, in der meine Urgroßmutter im Schneidersitz in ihrer Ecke saß, wurde mir klarer, dass ich sie wahrscheinlich nie wieder sehen würde. Sie war so alt, so zerbrechlich. Hundert Jahre lagen hinter ihr. Sehr viel Zeit würde ihr auf dieser Erde nicht mehr bleiben. So viel Leben, so viele Erfahrungen, so viel Weisheit. Wie gerne würde ich ihr so viele Fragen stellen. Doch ich wusste, dass es dazu nicht mehr kommen würde.

Ein Ende und ein Anfang

So viele bewegende Begegnungen, so viele Tränen, die während dieser Woche vergossen wurden, so viele Berührungen. So viel Traurigkeit und auch so viel Freude. Ich wurde reich beschenkt auf dieser Reise – denn das Wort »Familie« erhielt nun Gesichter, und eine solche Fülle davon, dass es mich manchmal ganz schwindlig machte. Taslim, die kleine Tochter meines Onkels mit ihren winzigen Füßchen und hinreißenden Telleraugen, hatte ich so süß gefunden, dass ich sie am liebsten mit nach Hause genommen hätte. Mein Onkel erzählte mir, dass sie einen Herzfehler habe und oft ins Krankenhaus müsse. Sie trug um ihr kleines Handgelenk eine Haarsträhne, die man ihrer Mutter nach der Geburt abgeschnitten hatte. Sie sollte dem Kind Glück bringen, und ich fragte mich, ob ich auch so eine Strähne von Fatimas Haar um mein Handgelenk gehabt hatte und ob Schwester Teresa sie wohl entfernt hatte. So oft es nur ging, hatte ich Taslim auf meinem Schoß, und eine seltsame Veränderung begann in mir: Auf einmal konnte ich all die kinderlosen Ehepaare in gewisser Weise verstehen, die sich in ein indisches Baby verlieben und es unbedingt mit nach Hause nehmen wollen, koste es, was es wolle. Ich erhielt eine Ahnung davon, dass mitunter jede Vernunft aussetzt und es Situationen gibt, in denen man sich nicht mehr genügend darum kümmert, ob alles auch nach Recht und Gesetz abläuft, Hauptsache, man darf dieses süße Kind behalten. Und diese Gedanken trugen mich zurück zu unserer Geschichte, Fatimas und meiner.

Ich war ja nicht nur nach Indien gekommen, um meine Mutter endlich kennenzulernen. Ich war auch gekommen, um Fragen zu stellen. Um Licht in das Dunkel der Geschehnisse in den Wochen nach meiner Geburt zu bringen. Und nachdem wir uns ein wenig miteinander bekannt gemacht hatten, wollte ich diese Fragen auch stellen.

Wieder bedauerte ich es zutiefst, die Sprache meiner Familie nicht zu sprechen. Urdu, eine perso-arabische Sprache, wird hauptsächlich von der muslimischen Bevölkerung Indiens, vor allem im Süden, gesprochen. Besonders in Hyderabad vermengt sie sich mit Elementen aus Telugu und Hindi, und darum erschien es mir als ein schier unüberwindliches Hindernis, diese Sprache je erlernen zu können.

Zunächst aber war ich ohnehin auf die Vermittlung des Übersetzers angewiesen. Da ich meinem eigenen Englisch nicht so recht vertraute, bat ich entweder Arun oder Golineh, meine Fragen für den Übersetzer auf Englisch zu formulieren, der das Ganze dann in Urdu übertrug. Es war also ein doppelter Filter, und am Ende hatte ich immer den unguten Eindruck, dass nur ein Bruchteil dessen, was ich wissen wollte, auch wirklich übersetzt wurde. Denn sobald ich die Rede auf die Geschehnisse von damals brachte, ging eine Eiseskälte durch den Raum. Alles Lachen und fröhliche Geplauder verstummte, und die Stimmung wurde gedrückt und ernst. Fatima wirkte dann immer sehr niedergeschlagen und unglücklich. Es fiel ihr sehr schwer, über die Ereignisse nach meiner Geburt zu sprechen. Ich lernte in diesen Tagen meine Mutter als jemanden kennen, der einen ständigen inneren Kampf mit sich führt. Aus diesem Grund ist sie so in sich gekehrt. Große Emotionen behält sie für sich, und ich habe das offenbar von ihr geerbt, denn ich mache es genauso.

Es war mein Onkel, der sich nach einiger Zeit wirklich bemühte, meine Fragen zu beantworten. Das war nicht einfach für ihn, denn ich wollte zum Beispiel auch wissen, warum Fatima damals ganz allein ins Krankenhaus hatte gehen müssen, um nach mir zu fragen; warum sie nicht die ganze Familie dabei unterstützt hatte. Nachdem ich nun erleben durfte, wie wichtig die Familie in Indien ist, so sehr, dass man eigentlich kaum etwas alleine machen kann und dass alle wichtigen Themen in der Runde besprochen und Entscheidungen gemeinsam getroffen werden, wunderte ich mich erst recht, warum Fatima in dieser verzweifelten Situation ganz allein gewesen war. Diese Frage schien einen wunden Punkt meiner Familie zu berühren, denn sie hatten keine Antwort darauf, schienen beschämt und verlegen, und so kam ich zu dem Schluss, dass sie meine Mutter damals tatsächlich nicht unterstützt hatten, aus welchem Grund auch immer.

Viele meiner Fragen drangen aber auch gar nicht durch oder wurden einfach nicht beantwortet. Teresa hatte es damals auf dieselbe Weise versucht: wenn sie nicht antworten wollte, dann sprach sie einfach von etwas anderem. Meine Fragen rissen alte Wunden auf, und vielleicht wurden sie vom Übersetzer, selbst Inder, aus Höflichkeit gar nicht erst so gestellt, wie ich sie formulierte.

Und so gab es auch weiterhin viele Fragezeichen. Aber ich verstand allmählich, dass unsere Begegnung noch viel zu frisch war. Denn noch immer verstand ich zu wenig von der Denkweise meiner Angehörigen, weil die Kultur, in der ich aufgewachsen war, von der ihren nicht unterschiedlicher hätte sein können. Ja, mitunter fühlte ich mich gar, als käme ich von einem anderen Stern.

Schließlich kam der Tag, an dem Fatima etwas sehr Mutiges tat. Das Filmteam hatte mit Schwester Teresa einen Termin vereinbart, und sie wollte die Gäste vom deutschen Fernsehen tatsächlich empfangen. Einige Lokalsender hatten bereits über mich und meine Mutter berichtet, und vielleicht hoffte Schwester Teresa, auf diese Weise ihre Überlegenheit demonstrieren zu können und aller Welt zu verkünden, dass sie eine Wohltäterin und Fatima nichts anderes als eine Lügnerin war.

»Kommst du mit, Anisha?«, fragte Golineh.

Ich schüttelte den Kopf. Mir hatte gereicht, was ich mit dieser Frau fünf Jahre zuvor erlebt hatte. Ich wusste, dieses Treffen würde nur die gesamte Begegnung mit meiner Familie überschatten. Ich hatte das kräftezehrende Ringen während meines letzten Besuchs noch deutlich in Erinnerung. Inzwischen hatte ich Fatima gefunden, und mehr hatte ich mit Schwester Teresa nicht zu besprechen. Aber ich fand, dass es eine gute Idee wäre, wenn Fatima zu diesem Termin als Überraschungsgast mitgehen würde.

Fatima war sich zunächst unsicher, und das konnte ich gut verstehen. Sie und Schwester Teresa verband eine fürchterliche Geschichte. Und nun sagte ich zu ihr etwas, das den Worten Aruns ähnelte, als ich gezögert hatte, diese Reise anzutreten.

»Dir ist ein großes Unrecht geschehen, und noch immer macht die Schwester weiter. Das ist Menschenhandel.« Und ich versuchte, ihr zu erklären, was dieses Wort bedeutet. »Wenn nie jemand den Mut hat, auszusprechen, was Teresa wirklich tut, dann geht dieses Unrecht immer so weiter und noch mehr Frauen werden die Kinder weggenommen, um sie ins Ausland zu schicken.«

Daraufhin entschloss sich Fatima, das Fernsehteam zu begleiten.

Alles, was ich später über diese Begegnung erzählt bekam und was im Film zu sehen war, fand ich großartig.

Als Schwester Teresa Fatima sah, drohte sie auf der Stelle damit, die Polizei zu rufen. Sie würde sie fertigmachen, schrie sie meine Mutter an. Daraufhin stellte sich diese Frau aus einfachen Verhältnissen vor die einschüchternde Ordensfrau und sagte ihr ins Gesicht, was sie ihr damals angetan hatte. »Mir kann nichts passieren«, sagte Fatima tapfer, »denn ich habe mir nichts vorzuwerfen. Mir ist Unrecht geschehen, und ich will Ihnen das ins Gesicht sagen.«

Mit diesen Worten erreichte sie, dass Schwester Teresa vor laufender Kamera ihre ehrenhafte Fassade fallen ließ und für einige entlarvende Momente lang ihr wahres Gesicht zeigte. Sie verlor die Beherrschung und behauptete unter anderem, ich wäre nichts anderes als eine Prostituierte geworden, wäre ich in Indien bei meiner Mutter geblieben. »Und du«, fauchte sie Fatima an, »wo war damals dein Mann? Du hattest nicht einmal einen Mann zu deinem Kind!« Das traf meine Mutter tief. Dennoch ließ sie sich nicht mehr einschüchtern.

Ich kann gar nicht sagen, wie stolz ich auf meine Mutter war. Sie wirkte so anders als bei unserer ersten Begegnung, so stark, so selbstbewusst. Wahrscheinlich kann ich kaum ermessen, wie viel Mut sie brauchte, um diesen Schritt zu wagen. Sie ging zurück an jenen Ort, an dem ihr so viel Leid angetan worden war, wo man sie ohne ihr Wissen sterilisiert hatte und wo man ihr Kind fremden Menschen vom anderen Ende der Welt gegeben hatte. Dass sie sich nach all den Jahren nicht mehr einschüchtern ließ, fand ich großartig. Denn im Unterschied zu ihren deutschen Besuchern musste sie auch weiterhin in Indien bleiben. Da Schwester Teresa genau wusste, wo sie zu finden war, machte ich mir noch lange Sorgen um Fatima. Ich hatte Angst, dass sich Teresa an ihr rächen würde. Und dennoch hatte ich den Eindruck, dass Fatima nach dieser Begegnung irgendwie befreit war. Ich bin mir sicher, dass es auch Jahre später noch an einem Menschen zehrt, wenn er nach einem solchen Unrecht keine Möglichkeit hatte, sich zu wehren oder auch nur auszusprechen, was geschehen war, um denjenigen, der ihm das antat, mit seiner Tat zu konfrontieren. Und ich wünsche mir, dass Fatima jetzt eher ihren inneren Frieden finden kann. Vollkommen loslassen aber wird sie das Ganze wohl nie. Genauso wenig wie mich.

Eine andere Sache, die mir auf dem Herzen lag, war die Frage nach meinem leiblichen Vater. Gerne hätte ich auch ihn kennengelernt, wenngleich mich mit ihm eine völlig andere Geschichte verband als mit Fatima. Meine leibliche Mutter kennenzulernen, war mir seit vielen Jahren eine Herzensangelegenheit gewesen. Meinen Vater zu treffen, von dem ich wusste, dass er meine Mutter während der Schwangerschaft, und somit auch mich, geschlagen hatte, war eher eine Sache des Verstandes, ich wollte ihn kennenlernen, um mehr über meine Ursprünge zu erfahren, um zu wissen, wo ich von väterlicher Seite herkomme. Dass er Fatima im Stich gelassen hatte, nahm mich nicht besonders für ihn ein. Dennoch ist auch er eine Lücke im Puzzle meiner Wurzelsuche.

Wie ich erfuhr, hatte er ein weiteres Mal geheiratet und wohnte nicht weit entfernt von dem Haus, in dem ich mich mit Fatima und meiner Familie traf. Doch mein Onkel gab mir deutlich zu verstehen, dass es ihnen nicht recht wäre, wenn ich ihn treffen würde. »Er hat deine Mutter geschlagen«, sagte er, »es war keine gute Ehe.« Und das verstand und respektierte ich. Ohnehin wusste ganz Hyderabad, dass und warum ich in der Stadt war. Man konnte sogar in der Zeitung lesen, in welchem Hotel wir wohnten. Hätte mein Vater also das Bedürfnis verspürt, mich kennenzulernen, dann hätte auch er die Initiative ergreifen können. Doch das tat er nicht. Nur zum Haus meiner Mutter kehrte er später, als ich schon wieder in Deutschland war, völlig unerwartet zurück und bedrohte sie: »Du sagst immer, ich hätte dich geschlagen! Das steht in allen Zeitungen! Dabei hast du mir meine Tochter weggenommen. Hör auf damit, diese Sachen über mich zu erzählen!«

Als ich das hörte, bekam ich eine riesengroße Wut. Wieso um alles in der Welt musste immer Fatima alles abbekommen? Statt mir, seiner Tochter, selbst gegenüberzutreten, wandte er sich feige an meine arme Mutter.

Auch wenn mein Vater mich nicht sehen wollte, gab es plötzlich viele andere Menschen, die mich unbedingt kennenlernen wollten. Und eines Morgens, wir hatten geplant, an diesem Tag noch eine weitere Schwester meiner Großmutter zu besuchen, kamen wir nicht mehr aus dem Hotel. Meine Mutter und ihr Ehemann, mein Onkel und dessen Familie waren bereits von einem Wagen abgeholt worden und warteten auf uns, als sich unerwartet ein Problem auftat.

»Vor der Tür wimmelt es nur so von Journalisten«, sagte Golineh. »Sie alle wollen ein Interview mit Anisha.«

Ich bekam einen Schreck. ›Alles andere, aber keine Interviews‹, dachte ich. Ich warf einen verstohlenen Blick aus der Lobby durch die Glastür und traute meinen Augen nicht. Eine ganze Meute Presseleute hatte sich vor unserem Hotel versammelt.

Also gingen wir wieder nach oben in unsere Zimmer und überlegten, was zu tun war. Ich fühlte mich außerstande, den Journalisten etwas zu der Begegnung mit meiner Mutter zu sagen. Wenn ich nur daran dachte, drehte sich mir der Magen um. Dann erbot sich meine Freundin, das für mich zu übernehmen. Wir sprachen miteinander ab, was sie sagen würde, und gingen nach ein paar Stunden ein zweites Mal nach unten. Es war ein wahres Blitzlichtgewitter, durch das wir hindurch mussten, ein schrecklicher Spießrutenlauf begann.

»Was wird Anisha jetzt tun«, fragte einer der Reporter, »wo sie ihre Mutter wiedergefunden hat? Wird sie bei ihrer Mutter bleiben und sie unterstützen?«

»Wird sie jetzt auch ihren Vater treffen?«

Meine Freundin legte den Arm um meine Hüfte und schob mich in Richtung des Wagens, der bereits auf uns wartete.

»Anisha ist sehr glücklich, ihre Mutter gefunden zu haben«, sagte sie zu den Journalisten, »sie wird wieder nach Deutschland gehen und dort die Schule beenden. Zu ihrem Vater möchte sich Anisha nicht äußern.« Oh Gott, war ich ihr dankbar!

Und schon saßen wir im rettenden Wagen. Wir hofften, die Presse würde sich damit zufriedengeben, und fuhren zum Haus meiner Großtante, die einige Kilometer entfernt von meinen übrigen Verwandten wohnte. Doch kaum waren wir dort angekommen, fanden sich die Journalisten auch dort wieder ein. Sie umringten das Haus und belagerten die Tür, sie waren uns einfach gefolgt.

»So geht das nicht«, sagte mein Onkel und beriet sich mit einigen Verwandten. Und auf einmal hieß es: »Wir fahren an einen Ort, an dem wir in Ruhe beisammen sein können.«

Und so stiegen wir alle wieder in die Autos und los ging es durch die Stadt, mit der Journalistenmeute dicht hinter uns.

»Wo fahren wir denn hin?«, fragte ich, doch eine Antwort erhielt ich nicht. Wir hielten vor dem Tor eines riesigen Parks, in dem ein prächtiges Gebäude im Kolonialstil stand. Ich weiß bis heute nicht, ob es ein Museum oder ein anderes Kulturdenkmal war. Jedenfalls hieß es, dass einer meiner Verwandten hier arbeitete und wir die Erlaubnis erhalten hätten, den Nachmittag in diesem Park zu verbringen. Die Journalisten mussten draußen bleiben, und wir hatten endlich unsere Ruhe.

Viele Stunden verbrachten wir in diesem Garten inmitten der Millionenstadt Hyderabad. Wie bunte Blumen saßen wir auf einer Wiese, plauderten und machten Picknick. An diesem Tag sprach ich viel mit meiner Cousine Shabana, zu der ich mich sehr hingezogen fühlte. Sie hatte so etwas unglaublich Reines, Zartes an sich. Fast wie ein Engel erschien sie mir. In ihrem Lachen, das aus tiefstem Herzen kam, lag so eine große Ehrlichkeit. Ich genoss die Zeit mit ihr und dachte: ›Ja, wenn ich hier leben würde, dann wäre sie so etwas wie eine Schwester für mich. Und mein Onkel wäre wie ein Vater.‹ Die älteren Frauen in meiner Familie waren alle so stark und selbstbewusst und unabhängig. Und das war auch gut so, denn viele ihrer Männer arbeiteten in Dubai, und so waren die Frauen die meiste Zeit allein.

Ich erfuhr, dass Shabana bald verheiratet werden sollte, ihre Eltern hatten sie den Eltern eines jungen Mannes versprochen – eine arrangierte Ehe. Ich war entsetzt. Sie war doch erst siebzehn und überhaupt, eine arrangierte Ehe! Ich versuchte meiner Mutter zu erklären, dass sie das auf keinen Fall machen sollten. Dass Shabana weiter zur Schule gehen und dann eine gute Ausbildung erhalten müsse. So viele arrangierte Ehen in meiner Familie waren schließlich unglücklich verlaufen, nicht zuletzt die von Shabanas Mutter, die sich aus Verzweiflung das Leben genommen hatte.

Doch immer wieder hatte ich das Gefühl, dass das, was ich sagte, mit einem wohlwollenden Lächeln aufgenommen wurde, aber gleich danach darüber hinweggegangen wurde. Ich dachte mir, wenn ich die Sprache sprechen könnte, dann würden sie vielleicht auf mich hören. Natürlich konnte ich ihre Reaktion auch verstehen. Ich war gerade erst aus dem Nichts aufgetaucht, wusste wenig von den Verhältnissen, in denen meine Familie tatsächlich lebte, und trotz meines Interesses war ich mit der indischen Tradition nur oberflächlich vertraut. Zudem ist meine Familie muslimischen Glaubens, während ich Christin bin. Es gab einfach so viele Themen, die wir noch nicht einmal an der Oberfläche berührt hatten. Und schon bald ging meine Woche in Indien ihrem Ende zu.

Irgendwann während dieser Woche, die für mich losgelöst schien aus jeglichem Kalender, war Silvester. Das Jahr ging zu Ende und ein neues begann. Wir – das waren das Filmteam, meine Freundin, Arun und ich – hatten beschlossen, an diesem Abend auszugehen, und fragten die zwei jungen Inder, die wir vor Kurzem kennengelernt hatten, wo man in Hyderabad am besten feiern könnte. Sie empfahlen uns eine Party in einem schicken Hotel und als wir dort ankamen, fühlten wir uns, als würden wir in eine fremde Welt eintauchen. Hier feierten wohlsituierte Inder, die alle gepflegt und westlich gekleidet waren, sehr viel eleganter als wir. Sie sahen so anders aus als meine Verwandten und die Menschen, die wir in dieser Woche gesehen hatten. Alle waren viel größer als ich, und so war ich mit meinen 1,59 Metern wieder die »kleine Nisha«, so wie zu Hause. – Hier konnte ich mit eigenen Augen sehen, was eine gute Ernährung mit ausreichend Proteinen und Vitaminen ausmacht.

Ein DJ legte auf und zählte um Mitternacht die letzten Sekunden herunter. Um Punkt zwölf erfüllte ein riesiges Feuerwerk den nächtlichen Himmel. Die Stimmung war ausgelassen, Jugendliche tanzten zwischen dicken Papas und Mamas, junge Väter mit ihren kleinen Kindern, alle feierten und waren fröhlich. Um zwei Uhr morgens wurde zu meinem großen Erstaunen ein Buffet mit kalten und warmen Speisen aufgebaut – das Frühstück. Und nachdem alle gegessen hatten, war die Party vorbei.

Dieser Abend war eine schöne Unterbrechung zwischen den aufwühlenden und emotional ungeheuer anstrengenden Treffen mit meiner Familie, wie ein kurzes Atemholen.

Beim allabendlichen Abschiednehmen von meiner Mutter, bevor wir zurück in unser Hotel gingen und in aller Ruhe gemeinsam mit dem Filmteam zu Abend aßen, weinte ich nie. Hilflos stand ich den Tränen meiner Mutter gegenüber. Fragte man mich während dieser Woche, wie ich mich fühlte, sagte ich immer wieder: »Ich bin irgendwie völlig überfordert!« Und für Fatima traf das nicht minder zu. Da war ihre Tochter endlich gekommen, und doch blieb sie ihr trotz aller Nähe fremd. Diese kleinen Abschiede waren jedes Mal aufs Neue zu viel für sie. Ich stand vor ihr und wusste nicht, was ich tun sollte. Sie weinte und wollte doch nicht, dass ich das sehe. Sollte ich sie in den Arm nehmen? Oder würde das alles noch viel schlimmer machen?

Irgendwann war es so weit, der Tag unseres endgültigen Abschieds kam.

»Sie soll einfach nur glücklich sein«, sagte mein Onkel und lächelte tapfer. Allen war klar, dass mein Weg mich wieder nach Deutschland führte. Denn dort war mein Zuhause, so weh Fatima das auch tat. Ganz bestimmt würde ich wiederkommen. Doch wann, das stand in den Sternen.

»Wann kommst du wieder?«, fragte mich Fatima immer wieder.

»Wenn mein Studium zu Ende ist«, sagte ich und fühlte mich hilflos.

»Wann ist dein Studium zu Ende?« Es gab keine wirkliche Antwort auf diese Frage, die Fatima so sehr beschäftigte. Sie hatte mich verloren, hatte all die Jahre ohne mich auskommen müssen. Jetzt, da sie mich wiedergefunden hatte, wollte sie mich zurück. Aber das ging nicht so einfach, wie sie sich das vorstellte. Nach meinem Verständnis gehöre ich niemandem, auch nicht meiner Familie. Und dass es mir als Schülerin und zukünftige Studentin nicht möglich war, jederzeit nach Indien zu fliegen, das war für sie schwer zu verstehen. Meine Familie, und allen voran meine Mutter, hatte allerdings wenig Verständnis dafür, dass ich auf diese einfache Frage keine klare Antwort geben konnte. »Wann kommst du wieder?«, das war Fatimas wichtigste Frage geworden, aus dem »Wann kommst du?« ihrer Briefe, die sie fünf Jahre lang Gita diktierte, wurde nun der Refrain: »Wann kommst du wieder?«

Mir tat das Herz weh, und wenn ich auch all die Tage so tapfer gewesen war, so holte mich das heulende Elend am Ende doch noch ein.

Den letzten Tag verbrachte ich mit meiner Mutter, ihrem zweiten Mann Mastan und meinem Onkel, seiner Frau und der kleinen Taslim. Als es ans Abschiednehmen ging, wusste ich, dass wir jetzt wirklich gehen, und auf einmal wurde auch mir bewusst, dass ich so schnell nicht wiederkommen würde. Als ich mich von meiner Mutter verabschiedete, schien es mir, als würde mein Herz in der Brust anschwellen und immer größer und schwerer werden. »Können wir nicht hierbleiben?«, hörte ich mich fragen. Und meine Stimme hatte wieder diesen seltsamen Klang wie damals, am allerersten Tag, als ich es fast nicht geschafft hatte, aus dem Auto zu steigen, und am liebsten wieder weggefahren wäre. Ja, ein Teil von mir wollte in Indien bleiben. Und erst jetzt, als ich ins Auto stieg, wurde mir bewusst, dass das gar kein kleiner, sondern ein ganz schön großer Teil von mir war.

Dann stand ich vor meinem Onkel, und zum ersten und einzigen Mal umarmten wir uns. Ganz zart strich er mir meine Tränen von den Wangen. Ja, ich weinte, ich hatte gar nicht bemerkt, wie mir die Tränen über das Gesicht liefen. Ich blickte umher und sah überall in traurige Gesichter, blickte in Augen, die unter Tränen lächelten. Ich verabschiedete mich von allen, und ganz am Ende von meiner kleinen Cousine, Taslim, die ich am liebsten mitgenommen hätte. Und dann war es so weit, das Auto wartete.

Als ich in den Wagen einstieg, gab es so viele Hände, die mich verabschiedeten, eine ganze Traube streckte sich durch die geöffnete Tür. Fatima hielt es nicht aus und kletterte zu mir auf die Rückbank, um mich ein weiteres Mal zu verabschieden. Und da war es um mich geschehen: es war, als hätte sich in mir eine sprudelnde Quelle eröffnet. Waren mir zuvor die Tränen über das Gesicht gelaufen, so wurde ich jetzt von heftigen Schluchzern geschüttelt. Und erst jetzt in diesen letzten Momenten suchte und fand ich die Nähe meiner Mutter. Wie von allein legte sich mein Kopf auf ihren Schoß. Ich weinte und weinte, wie ein kleines Kind. In diesem Moment habe ich einfach nur gefühlt, nichts gedacht. Und in diesem Augenblick spürte ich, wie Fatima für mich zu einer Art Mutter wurde: sie streichelte mein Haar, meinen Kopf, meine Schulter. Der Wagen fuhr los, wir nahmen sie einfach mit. Als wir beim Hotel ankamen, hatten wir uns etwas beruhigt und konnten einander endlich wieder loslassen.

Danach war ich innerlich ruhig und leer. Ich fühlte, dass ein Teil von mir für immer hierbleiben würde und ich einen Teil meiner Familie mit mir mitnehmen würde. Von nun an würde ich ein Stück Indien in mir tragen. Es war ein Anfang. Was daraus werden würde, war ungewiss.

Was bleibt

Wenn man von einer solchen Reise nach Hause zurückkommt, erwarten alle, dass man eine Geschichte für sie im Gepäck hat. Eine spannende, bewegende, ungeheuerliche Geschichte.

»Wie war das denn mit deiner Mutter?«, war eine Frage, die ich sehr oft hörte.

Sicherlich, es war nett gemeint. Sie waren an dem interessiert, was ich erlebt hatte, denn sie wussten, wie sehr mich das alles die ganzen Jahre über belastet hatte. Und so war es nur natürlich, dass sie fragten. Dennoch gab es eigentlich keine unsensiblere Frage als dieses lapidare: »Wie war das denn mit deiner Mutter?« So als könnte man das in drei Sätze fassen.

Meine Freundin Simone, die mich nach Indien begleitet hatte, gab mir auf der Heimreise einen guten Rat: »Leg dir einfach einen Satz zurecht oder zwei. Und den sagst du dann jedes Mal.« Genau das versuchte ich. Manchmal klappte es tatsächlich. Doch im Grunde bin ich kein Mensch, der es fertigbringt, sich hinter Floskeln zu verbergen.

Bald fand ich heraus, dass die Leute bestimmte Dinge von mir hören wollten. Sie wollten hören: »Das Wiedersehen mit meiner Mutter, das war eine Riesenenttäuschung.« Oder: »Mit meiner Mutter? Oh, das war echt super.« Was niemand hören wollte, waren komplizierte

Erklärungen. Aber die Wahrheit war: beides stimmte. Meine Mutter war in einem gewissen Sinn eine Enttäuschung – sie musste es zwangsläufig werden, weil ich mit einem großen Sack voller Erwartungen nach Indien gefahren war, die sich im Laufe der vielen mutterlosen Jahre angesammelt hatten. Jede Frau wäre unter diesen Umständen eine Enttäuschung gewesen. Und gleichzeitig war es so unglaublich schön mit ihr und der ganzen Familie gewesen. Die Wirklichkeit ist mehrdimensional, und die Wahrheit liegt in den Zwischentönen. Das war nicht einfach zu verstehen, weder für mich selbst noch für die Daheimgebliebenen, die wissen wollten, wie es gewesen war. Selbst für die, die mich begleitet hatten, war es schwer zu verstehen, was in mir vorging. Ich hatte gehofft, dass meine Reisebegleiter aus Deutschland mir wirklich würden helfen können. Jedoch, das wurde mir erst hinterher klar, war es einem anderen Menschen völlig unmöglich, bis ins Letzte zu erspüren, was in den entscheidenden Augenblicken in mir vorgegangen war. Ich verstand ja selbst nicht, was ich in manchen Momenten dachte oder fühlte. Im Nachhinein wurde mir auch klar, dass ich auf dieser Reise so etwas wie einen Gefühlsstau erlebt hatte: Ich kam einfach nicht hinterher damit, diese Achterbahn aus Emotionen in ihrer ganzen Bandbreite wirklich wahrzunehmen und zu begreifen. Das Analysieren kam erst hinterher, und das Verstehen nach und nach. Und dieser Prozess ist noch lange nicht abgeschlossen.

Vielleicht wäre es wohl besser gewesen, ich hätte diese Begegnung ganz alleine gemacht, um die Situationen und Menschen in aller Ruhe wahrzunehmen, zu erspüren. Ein eigenes Gefühl dafür zu entwickeln, ohne die Blicke der anderen und deren Kommentare, so wohlmeinend sie auch waren. Es war jedoch schon allein wegen der Sprachbarriere unrealistisch, meine Familie alleine zu besuchen. Ich brauchte Vermittler, und ich war allen unendlich dankbar, die diese Rolle übernahmen. Doch diese Vermittler wurden zwangsläufig zu Filtern, die zwischen mir und meiner Familie standen.

Es dauerte lange, bis ich die Erlebnisse dieser einen Woche halbwegs verarbeiten konnte. Bis ich ein Stück weit verstanden hatte, was eigentlich passiert war.

Wahrscheinlich war unsere Begegnung auch für Fatima in gewisser Weise eine Enttäuschung gewesen. Zurück blieb ein Schmerz, der zu einem Teil auch der Filmarbeit geschuldet war. Dieser unendlich zarte Moment, als wir uns das erste Mal gegenübertraten und der Fatima offenbar so sehr überfordert hatte, dass sie mich nicht einmal richtig ansehen konnte, diesen Moment hätten wir vielleicht besser für uns allein erleben sollen. Wer weiß, womöglich hätte sie dann anders reagiert. Vielleicht wäre mein erster Eindruck von ihr dann nicht gewesen, dass sie mehr von einem scheuen, schüchternen Mädchen hat als von einer Mutterfigur. Denn im Grunde hatte ich mich während der ersten Stunden mit ihr eher so gefühlt, als sei ich die Mutter und sie meine Tochter. Und das war seltsam und völlig verdreht gewesen, und ich hatte das nicht gewollt. Ich hatte schon wieder die Rolle der Starken übernehmen müssen, und dabei hatte ich mich endlich auch einmal fallen lassen wollen, geborgen und zu Hause fühlen. Doch dieses Gefühl hatte ich bei meiner Großmutter mehr als bei Fatima gefunden.

Alles in allem waren wir zwei Fremde, als wir uns begegneten, und sind es seither auch geblieben. In der viel zu kurzen Zeit, die uns zur Verfügung stand, war auch die Familie da und beanspruchte ihren Anteil an mir. Und ich freute mich darüber, war begeistert, all diese Menschen kennenzulernen, ließ mich ein auf Onkel, Tanten, Cousinen, Großtanten und so weiter. Mit ihnen allen hatte ich Zeit verbringen wollen, sie hatten sich schöne Sachen ausgedacht, um mich zu einem Teil der Familie zu machen, und ich genoss diese Begegnungen in vollen Zügen. Doch die Zeit, die ich auf diesen Familientreffen verbracht hatte, war Zeit gewesen, die ich nicht mit Fatima allein verbringen konnte. Dieselbe Familie, die Fatima damals allein gelassen hatte, als sie verzweifelt versucht hatte, ihre kleine Tochter wiederzubekommen, hatte diese Tochter nun für sich beansprucht.

Fatima kann sich anderen Menschen nicht auf Anhieb öffnen. Dafür hat sie zu viel Schlimmes erlebt, musste zu lange einen ungeheuerlichen Schmerz mit sich allein ausmachen. Um Fatima wirklich kennenzulernen, würde ich noch viel Zeit mit ihr verbringen müssen, in aller Ruhe, ohne Trubel und ohne Familienfeste. Ich müsste die Gelegenheit und die Geduld haben, um mich auf diese Frau, die im ersten Moment einem scheuen Reh gleicht, vollkommen einzulassen. Ich müsste lernen, die Schranken zwischen den unterschiedlichen Kulturen und Religionen zu überwinden, und meine eigenen Erwartungen, Wünsche und Hoffnungen über Bord werfen. Vielleicht ist es zu spät, Mutter- und Tochtergefühle ineinander zu erwecken, die Zeit der Kindheit haben wir ohneeinander verbracht, und niemand kann sie uns wiedergeben.

Auch wenn ich große Schwierigkeiten mit meiner Adoptivmutter habe, so hege ich für sie nach wie vor mehr »Muttergefühle« als für Fatima. Dies zu erkennen und zu akzeptieren, war für mich nicht einfach.

Einmal, als ich bereits allein lebte und meine Adoptivmutter noch nicht treffen wollte, schickte sie mir einen Brief, den sie mit »deine zweite Mutter« unterschrieben hatte. Und obwohl ich sehr sauer war wegen dem, was zwischen uns geschehen war, verstand ich doch den Schmerz, der hinter diesen drei Worten steckte. Da war sie all die Jahre für mich da gewesen, nur um festzustellen, dass sie nur die Nummer zwei war. Sollte mir das erneut Schuldgefühle machen? Ist es denn richtig, dass ich Opfer dieses emotionalen und ungleichen Wetteiferns wurde, welche Mutter nun an erster und welche an zweiter Stelle kommt? War es nicht selbstverständlich, dass sie sich, wenn sie ein Kind adoptierte, auch hätte bewusst machen müssen, dass es immer eine weitere, andere Mutter geben würde?

Ich glaube, jedes adoptierte Kind fühlt in der Tiefe seines Herzens, dass diese beiden Menschen, die nach seiner Adoption behaupten, Mama und Papa zu sein, ihm und sich selbst etwas in die Tasche lügen. Denn kein Kind fällt einfach so vom Himmel, sondern es wird geboren. Am Anfang hatte jedes Kind eine Familie, eine Mama und einen Papa, und diese Plätze wird nie jemand anderes einnehmen können. Familien, in denen die Adoptiveltern dies erkennen und sich entsprechend verhalten, die leiblichen Eltern in Ehren halten und sich nicht zu ihnen in Konkurrenz stellen, sind in der Regel glücklicher und harmonischer. Nur wenn Adoptiveltern sich mit dieser Rolle nicht begnügen können, wenn sie etwas anderes sein und die leiblichen Eltern aus dem Herzen der Kinder verdrängen wollen, statt ihre Kinder zu unterstützen, wenn die Angst, das Kind wieder hergeben zu müssen oder an die leiblichen Eltern zu verlieren, stärker ist, wird das Ganze zum Problem. So zu tun, als seien die ersten Wochen, Monate oder bei manchen Kindern Jahre nicht gewesen und das, was damals war, spiele keine Rolle, schafft die Voraussetzung für katastrophale Familiendramen im Haus der Adoptiveltern. So wie bei uns oder schlimmer. Denn selbstverständlich ist die Geschichte eines gestohlenen Kindes auch eine Katastrophe für die Adoptiveltern. Und viel zu oft wartet auf diese Familienidylle des schönen Scheins, die sich manche Adoptiveltern bemühen aufzubauen und auch aufrechtzuerhalten, das unausweichliche Scheitern.

Nein, auch wenn viele das gerne behaupten und lieber glauben möchten, meine Geschichte ist alles andere als ein Einzelfall. Nur wird über die meisten anderen ähnlichen Fälle der Deckmantel des Schweigens gelegt, kaum jemand geht damit an die Öffentlichkeit so wie Arun, Gita und nun auch ich. Und wenn doch, dann muss man sich bewusst machen, dass zunächst vieles nicht bewiesen werden kann. Es sind häufig schlimme Vermutungen, die, wenn man sich weiter herantastet und vorarbeitet, zu einer Realität werden, die keiner gerne hören möchte. Welches Adoptivelternpaar möchte schon gerne als Betrogene dastehen, wenn sie irgendwann einmal feststellen müssen, dass sie kein echtes Findelkind, sondern ein seiner Familie gestohlenes Kind adoptiert haben? Oder dass die leibliche Mutter das Kind nicht zur Adoption freigegeben hatte, so wie in meinem Fall? Dass sie, ohne es zu wissen oder wissen zu wollen, an einem kriminellen Akt beteiligt waren? Was wären die Konsequenzen? Spott der Nachbarn. Unverständnis der Familie. Ablehnung und Ausgrenzung durch die Freundeskreise und Cliquen von anderen Adoptiveltern und deren Kindern, in denen sie sich oft seit Jahren bewegen, so wie bei meinen Eltern. Plötzlich wird man in seinem sozialen Umfeld geächtet. Während man vorher als Vorzeigefamilie galt, die mit der Adoption ein gutes Werk getan hat, steht man auf einmal als Versager und Betrogene da. Als Verräter und Nestbeschmutzer. Denn alle sind hingerissen und begeistert von den guten Nachrichten und dem schönen Schein der Adoption, nicht selten bestätigen sich Adoptiveltern immer wieder gegenseitig, dass alles prima läuft und dass sie tolle Menschen sind. Schließlich haben sie einem armen Kind aus den schlimmsten Verhältnissen geholfen. Keiner aber ist erpicht auf schlechte Nachrichten, und dringen diese doch einmal an die Oberfläche, so wie bei mir, dann handelt es sich eben um Einzelfälle, missratene und undankbare Kinder, die ihr Glück wohl nicht verdient haben. Und vor allem will niemand die Saat des »Aufruhrs« in seinem eigenen Haus gelegt sehen, und so versuchen viele Adoptiveltern tunlichst zu verhindern, dass auch ihre Adoptivkinder nach ihrer richtigen Mutter oder nach ihrem echten Vater zu fragen beginnen.

Dass dies alles nicht einfach für die Adoptiveltern ist, ist mir klar. Denn sie lieben das angenommene Kind nach all den Jahren und den Mühen, die sie oftmals auf sich genommen haben, um es überhaupt adoptieren zu können, und es fällt schwer, in die zweite Reihe zurückzutreten und zuzugeben, dass Fehler gemacht wurden. Dass sie zwar vielleicht im guten Glauben gehandelt und sich wirklich nach Kräften bemüht hatten, alles ordnungsgemäß abzuwickeln, und dennoch Unrecht geschehen ist. Denn ich glaube nicht, dass ein Ehepaar in den komplizierten Adoptionsprozess geht mit dem Vorsatz, in Indien oder in einem anderen Land ein Kind zu stehlen. Sie haben meist gute Absichten, verbunden mit dem egoistischen Wunsch, ein Kind haben zu wollen. Aus diesem Grund verschließen viele ihre Augen vor der bittern Tatsache, dass sie Opfer eines Betruges wurden, so lange wie möglich, ja, manche negieren das Offensichtliche selbst dann noch, wenn es keine Zweifel mehr gibt.

Oftmals geht dann ein Lebensentwurf zu Bruch, manchmal auch die ganze Familie. Das muss aber nicht sein. Es gibt auch seltene Fälle, in denen die Adoptiveltern sehr aufrecht und mutig handelten, nachdem sie mit der schockierenden Erkenntnis konfrontiert wurden, dass sie belogen wurden; dass ihr angebliches Findelkind Eltern, oder zumindest ein Elternteil, hat, die seit Jahren verzweifelt nach ihrem Kind suchen. Statt sich dieser Erkenntnis zu verschließen und die Tatsachen zu negieren, tun sie selbst alles dafür, um diese Mutter oder diesen Vater zu finden und gemeinsam mit ihrem Kind zu besuchen.

Und unter Umständen auch zulassen können, dass sich das Kind dann entscheidet, zu seiner leiblichen Mutter, seinem leiblichen Vater zurückzukehren und dort zu bleiben – so schmerzlich das auch sein mag. Diese Adoptiveltern erkennen, weil sie bereit dazu sind, dass das Thema Adoption in Zusammenhang mit Macht, Skrupellosigkeit und unendlicher Trauer und Einsamkeit steht.

Dazu braucht es Größe, geistige Unabhängigkeit von dem Urteil »der Leute«, es braucht auch die Erkenntnis, dass ein Kind, sei es nun adoptiert oder das eigene, den Eltern niemals gehört, sondern dass es ihnen anvertraut ist.

Wenn man mir heute die Frage stellt – und viele tun das –, ob ich wirklich lieber im Armenviertel von Hyderabad aufgewachsen wäre, dann habe ich darauf keine Antwort. Schon die Fragestellung ist falsch. So wie ich damals keine Wahl hatte, sondern ungefragt von einer Welt in die andere verpflanzt wurde, so ist es unzulässig, im Nachhinein so zu tun, als könnte ich heute eine Präferenz nennen. Denn ich kann ja nicht wissen, wie das andere Leben ausgesehen hätte, eine Kindheit in Hyderabad bei meiner Mutter Fatima – ich kann sie mir nur anhand meiner beiden Cousinen, der kleinen Taslim und der siebzehnjährigen Shabana, halbwegs vorstellen.

Was es aber wirklich heißt, als traditionelles indisches Mädchen in diesem einfachen Viertel groß zu werden, das werde ich nie wirklich wissen, weil eine Nonne namens Schwester Teresa vor vielen Jahren beschlossen hat, in mein Schicksal einzugreifen. Weil sie indische Frauen niederer Kasten wie Fatima nicht als Menschen betrachtete, sondern sie auf dieselbe Ebene stellte wie ausgesetzte Hunde und Katzen, die man am besten sterilisiert, damit sie nicht noch mehr Junge werfen, die sie ihrer Meinung nach nicht ordentlich großziehen können. Und das ist eine Anmaßung ohnegleichen.

Ich habe mich während meines Besuchs davon überzeugen können, dass meine Mutter mich durchaus hätte aufziehen können. Meine Familie lebt nicht in einem Slum, wie ich es jahrelang zu hören bekam. Sie wohnt in einem bescheidenen Viertel und sie ist, ebenso wie ihre Nachbarn, für unsere Verhältnisse arm. Dennoch leben sie alle in Häusern, die einfach, aber ausreichend eingerichtet sind, sie haben Arbeit und verdienen Geld. Und wenn sie auch wenig verdienen, so reicht es aus, um Kinder großzuziehen. Nach indischen, nicht nach westlichen Maßstäben. Auch meine Mutter hätte mich ernähren und kleiden können. Wenn ich krank geworden wäre, hätte sie mich zu einem Arzt gebracht, und ich hätte eine grundlegende Schulbildung erhalten. Schwester Teresa hatte ein Lügenmärchen erfunden, um meine Adoptiveltern zu beruhigen, in Sicherheit zu wiegen und ihnen nebenbei auch noch das Gefühl zu geben, dass sie ein Werk der Nächstenliebe begingen, wenn sie mich retteten. Sie hat ihnen ihren verzweifelten Wunsch nach einem Kind auf kriminelle Weise erfüllt.

Ich gehe davon aus, dass meine Adoptiveltern nicht ahnten, wie sehr auch sie betrogen wurden. Sie waren nicht darauf vorbereitet, dass dieser Betrug eines Tages auffliegen würde und sie mit einer grausamen Wahrheit konfrontieren würde: dass sie ein gestohlenes Kind adoptiert hatten von einem Menschen, der skrupellos die Unwahrheit sagte und mithilfe von vielen Helfershelfern mehrere Gesetze brach. Verständlicherweise lag es außerhalb ihres Vorstellungsvermögens, dass Schwester Teresa mich mit Gewalt aus den Armen meiner Mutter gerissen und mich ihnen gegen den Willen meiner Mutter zur Adoption angeboten hatte.

Schwester Teresa brach gleich mehrere indische Gesetze, von den international geltenden Menschenrechten ganz zu schweigen. Denn selbstverständlich ist es gegen das Gesetz, einer Mutter ihr Kind mit Gewalt wegzunehmen, selbst wenn die Mutter eine angebliche Geldschuld nicht begleichen kann. Heute weiß ich außerdem, dass die Summe, die von Fatima verlangt worden war, weit über dem lag, was normalerweise ein Kaiserschnitt im St. Theresa's Hospital kostete. Dies legt nahe, dass es der Nonne nicht darauf ankam, das Geld zu bekommen – sie wusste ohnehin, dass Fatima diesen Betrag niemals hätte aufbringen können –, sondern dass sie es vor allem auf ihr Baby abgesehen hatte. Auf mich.

Doch die Liste an unrechtmäßigem Handeln geht noch weiter. Selbstverständlich ist es illegal, eine Frau während der Entbindung ohne ihr Wissen zu sterilisieren. Außerdem vermittelte Teresa mich an ein deutsches Ehepaar, ohne über die hierzu nötige schriftliche Freigabeerklärung meiner leiblichen Mutter zu verfügen. Stattdessen verwendete sie gefälschte Dokumente, die belegen sollten, dass ich ein ausgesetztes Kind sei. Die Zeugen, die dieses Papier unterschrieben, waren allesamt Angestellte des St. Theresa's Hospital. Und Teresa vermittelte ein gesundes indisches Kind ins Ausland – wohlgemerkt ohne entsprechende Lizenz –, ohne vorher eine Adoption im Inland anzustreben. Auch das ist ein Verstoß gegen die indischen Gesetze. Denn diese schreiben vor, dass indische Kinder nur dann ins Ausland vermittelt werden dürfen, wenn sich im Inland keine Adoptiveltern für sie finden lassen. Der Gedanke, der dahinter steht, ist, dass man versuchen möchte, das Kind im eigenen Kulturkreis zu belassen. Das führt im Grunde dazu, dass nur diejenigen Kinder legal von ausländischen Eltern adoptiert werden können, die in Indien nicht vermittelbar sind – und das sind meistens entweder schwer kranke oder behinderte

Kinder oder solche mit sehr dunkler Hautfarbe. Während die Hautfarbe bei adoptionswilligen Eltern aus Europa oder den USA meist keine Rolle spielt, so schrecken doch die meisten vor der Adoption eines kranken oder behinderten Kindes zurück.

Selbst wenn Schwester Teresa die Legitimation besessen hätte, um Auslandsadoptionen vorzunehmen, und gesetzt den Fall, Fatima hätte mich tatsächlich zur Adoption freigegeben, dann hätte sie meiner leiblichen Mutter innerhalb einer mehrere Monate dauernden Frist die Gelegenheit geben müssen, sich anders zu entscheiden und mich wieder zu sich zu holen. Auch das ist im indischen Adoptionsgesetz festgeschrieben. Teresa aber wies Fatima drei Mal ab, drohte ihr mit der Polizei und ließ sie danach nicht mehr auf das Gelände des Krankenhauses.

Warum tat sie das alles? Was geht in einem Menschen vor, der auf diese Weise in menschliche Schicksale eingreift und Familien auseinanderreißt, Kinder entwurzelt und Müttern für immer einen unauslöschlichen Schmerz zufügt? Der Ehepaare, die sich dringend Kinder wünschen, belügt und zu Mittätern macht? Ist es die Freude an der Macht, über Menschenschicksale entscheiden zu können? Eine seltsam verquere Moralvorstellung? Ich fürchte, ich werde nie eine befriedigende Antwort auf diese Fragen finden.

Tatsache ist, dass Schwester Teresa sich auch heute noch völlig im Recht fühlt und geradezu gekränkt auf Vorwürfe reagiert.

Einige Zeit lang dachte ich, dass wir nach Gitas Recherchen und meinem eigenen Besuch bei meiner Familie am Kern der Wahrheit angekommen seien und ich nun wüsste, was damals genau passiert war. Doch bei der Arbeit an diesem Buch tat sich ein weiteres entsetzliches Geheimnis auf. Bislang war ich davon ausgegangen, dass Schwester Teresa mich meiner Mutter weggenommen hatte, weil diese das Geld für die Entbindung nicht hatte aufbringen können. Ich hatte geglaubt, dass Schwester Teresa mich bereits in ihrer Obhut gehabt hatte, als die Anfrage meiner Eltern eintraf, ob man ihnen ein Kind aus Indien vermitteln könne. Nachdem ich aber noch einmal systematisch alle Daten und Ereignisse in ihrer zeitlichen Abfolge überprüfte, stieß ich auf ein noch fürchterlicheres Geheimnis. Aber der Reihe nach.

Am 28. September 1990 komme ich zur Welt. Meine Mutter Fatima nimmt mich, trotz der finanziellen Streitigkeiten mit Schwester Teresa, mit sich nach Hause. Am 3. Oktober, an meinem 5. Lebenstag, schreibt Pater Devasia an meine späteren Adoptiveltern in Deutschland, Schwester Teresa habe ihm mitgeteilt, dass sie ein Baby Girl für sie hätte. Zu diesem Zeitpunkt befinde ich mich noch in der Obhut meiner leiblichen Mutter. Erst um den 12. Oktober erscheint Teresa bei ihr und fordert das Geld für die Entbindung. Im Verlauf des Streites reißt Schwester Teresa mich meiner Mutter vom Arm und geht mit mir davon. Wenige Tage später fotografiert mich ein deutsches Ehepaar im Krankenhaus, das sich dort gerade aufhält, um ein anderes Mädchen zu adoptieren. Sie bringen meinen Eltern dieses Foto mit und helfen ihnen später bei den behördlichen Formalitäten der Adoption.

Schwester Teresa versprach mich meinen Adoptiveltern also bereits, bevor ich in ihrer Obhut war. Bedeutet das, dass erst die Anfrage aus München der Auslöser dafür war, mich meiner Mutter wegzunehmen? Wäre ich möglicherweise bei Fatima geblieben, wenn mein Vater jenen Brief an den Jesuitenpater in Hyderabad nicht abgeschickt hätte? Lieferte der Wunsch meiner Adoptiveltern erst den Impuls dazu, mich meiner richtigen Mutter zu stehlen?

Es ist in der Tat so, dass es die ungeheure und ständig anwachsende Nachfrage aus Europa und den USA nach Kindern ist, die das Thema Auslandsadoption von einer scheinbar guten Sache zu einem korrupten Geschäft werden ließ. Schwester Teresa zum Beispiel schätze ich als Überzeugungstäterin ein, die von Anfang an wirklich glaubte, etwas Richtiges zu tun. Sie wollte auf verquere Art und Weise »helfen«, auch wenn ihr Denken stark durch das indische Kastensystem geprägt war. Sie war der festen Überzeugung, dass Inder anderer Religionszugehörigkeiten und vor allem niederer Kasten es nicht verdienten, Kinder zu haben.

Am Anfang vermittelte Schwester Teresa im Schnitt nur ein Kind pro Jahr und verlangte noch kein Geld für ihre Dienste. Doch natürlich öffneten meine Adoptiveltern und viele andere Paare nicht nur ihre Herzen, als sie das Kind nach endlosen Bemühungen endlich auf dem Arm halten durften, sondern auch ihre Geldbeutel. Meinem Vater erschien es nur fair, einen Unkostenbeitrag zu leisten. Meine Eltern spendeten dem Krankenhaus gerne, und doch taten sie damit etwas grundlegend Falsches: Sie und alle weiteren adoptionswilligen dankbaren Eltern korrumpierten Schwester Teresa im Laufe der Zeit durch ihre Spendengelder. Mehr und mehr bekam sie das Gefühl, dass es nicht nur völlig korrekt sei, Kinder zu vermitteln, sondern dass es den Eltern geradezu ein Bedürfnis zu sein schien, ihr im Gegenzug Geld zu geben.

In den Jahren nach meiner Adoption erhielt Schwester Teresa tatsächlich eine Lizenz zur Vermittlung von Adoptionen und verschickte Hunderte von Kinder systematisch aus Indien in die westliche Welt. Dafür nahm sie nun auch Geld. Was mit freiwilligen Spenden begonnen hatte, wurde zu einem lukrativen Geschäft. Aber Schwester Teresa ist nur eine von vielen, die Profit aus dem Kinderwunsch unfruchtbarer westlicher Ehepaare schlagen.

Viele beteiligen sich inzwischen an diesem Geschäft im Namen der Menschlichkeit, sie ermutigen gar junge ledige Frauen, ihre unehelichen Kinder abzugeben, und gehen sogar so weit, Mitarbeiter hinaus aufs Land zu schicken, um armen Familien ihre Kinder abzuschwatzen oder abzukaufen. Denn das Geschäft läuft gut, die Nachfrage aus der westlichen Welt wächst ständig.

Nicht umsonst sind in den indischen Gesetzen die Gebühren, die für eine Auslandsadoption berechnet werden dürfen, seit 1984 festgeschrieben. Demnach dürfen zwischen umgerechnet 500 und 1300 Euro für die Vermittlung eines Kindes berechnet werden, mehr nicht. Spenden dürfen erst geleistet werden, wenn das Kind bereits im Bestimmungsland angekommen ist. So gesehen haben auch meine Eltern gegen das indische Gesetz verstoßen – ganz sicher aus purer Unkenntnis der Rechtslage. Schwester Teresa aber hätte die Geldspende meiner Eltern niemals annehmen dürfen. Die Erstattung der Auslagen für meine Unterhaltskosten während meiner Zeit im Krankenhaus und die Erstattung ihrer eigenen Übernachtungskosten waren unrechtmäßige Zuwendungen. Und das allein hätte genügt, um meine Eltern ins Gefängnis zu bringen – Schwester Teresa natürlich auch.

Wenn man meine Dokumente genau betrachtet, stellt man ohnehin eine Unmenge an Formfehlern fest, die alle nur einem Ziel dienten: zu vertuschen, dass ich eigentlich überhaupt nicht hätte vermittelt werden dürfen. In diesen Dokumenten steht, dass ich von meiner leiblichen Mutter an das Indian Council of Social Welfare, kurz ICSW genannt, übergeben und zur Adoption freigegeben worden war. Da in meinem Fall das ICSW selbst als Vermittlungsagentur fungierte, war es unzulässig, dass die Behörde auch noch das Dokument ausstellte, das meine Vermittlung legitimierte. Laut indischem Gesetz ist ein solches Vorgehen verboten und dazu gab es vom Obersten Gerichtshof damals bereits ein entsprechendes Urteil. Es entsprach auch nicht den Tatsachen, dass ich mich beim ICSW aufhielt, sondern ich lebte von Anfang an bei Schwester Teresa im St. Theresa's Hospital. Da Schwester Teresa damals noch keine Linzenz hatte, um Kinder zu vermitteln, wurde formal so getan, als sei ich zu der Zeit, in der über die Legalität meiner Adoption befunden wurde, gar nicht in ihrer Obhut gewesen.

Ganz ähnlich sieht es mit meiner Geburtsurkunde und mit vielen weiteren wichtigen Dokumenten aus. Sie wurden allesamt geschönt und frisiert, damit nicht auffiel, welch ein Betrug hier stattfand. Teresa trägt also nicht die Alleinschuld an diesen kriminellen Vorgängen, sondern unzählige Beamte, die diesen Betrug erst möglich machten und deckten. Und das nicht nur in meinem Fall, sondern in ungezählten anderen Fällen, die in die Hunderttausende gehen dürften.

Das Adoptionsrecht ist in der indischen Gesetzgebung klar geregelt. Über die Einhaltung der Adoptionsgesetze wacht die Central Adoption Resource Authority, kurz CARA, jedenfalls sollte sie das. Doch auch hier stellten sich besorgniserregende persönliche Verflechtungen mit Organisationen, die Adoptionen betreiben, heraus. Wie kann jemand Adoptionsagenturen kontrollieren und überwachen, wenn er selbst oder seine Ehefrau oder ein anderer Verwandter eine solche betreibt?

Arun Dohle und seine Mitarbeiterin haben nachgewiesen, dass der letzte Chairman der CARA, der bis vor Kurzem im Amt war, Bestechungsgelder angenommen hat. Die Frau des späteren Polizeipräsidenten der Provinz Andhra Pradesh, Anita Senn, die ebenfalls eine Adoptionsagentur unterhielt, wurde wegen verschiedener Vergehen gegen das indische Adoptionsgesetz vor Gericht gestellt und verurteilt. Sie wiederum ist eine gute Freundin von Schwester Teresa. Damals im Sommer 1991, als meine Adoptiveltern in Hyderabad versuchten, die Papiere für mich zusammenzukriegen, schrieb der Chief Minister von Andhra Pradesh höchstpersönlich ein Empfehlungsschreiben für Schwester Teresa. Als sie sich im Jahr 2004 – kurz nachdem wir sie besucht hatten – vor Gericht verantworten musste, erhielt sie auf dieselbe Weise noch einmal seine Unterstützung. Allerdings nützte das wenig, denn sie wurde für schuldig befunden und verlor ihre Lizenz. Damals gab es in der Provinz Andhra Pradesh einen richtiggehenden Adoptionsskandal, in den fast alle Heimleiter und viele mit dem Thema befasste Beamte involviert waren. Auch Schwester Teresas Tender Loving Care Home wurde unter die Lupe genommen. Man wies ihr damals nach, dass sie in zahlreichen Fällen die Papiere von vermittelten Kindern gefälscht hatte. So wurden beglaubigte Blanko-Dokumentvorlagen mit Marke und Stempel en gros eingekauft, danach ausgefüllt und anschließend zurückdatiert. Entweder wurden falsche Namen der leiblichen Eltern angegeben oder es fehlten deren Wohnorte, sodass man die Herkunft der Kinder nicht mehr nachvollziehen konnte – so wie in meinem Fall. Es gab sogar Fälle, in denen falsche Angaben über Nachnamen und Wohnorte gemacht wurden. Auf diese Weise wurde nicht nur Betrug begangen, sondern auch die Linie verwischt, entlang derer man die Herkunft der Adoptivkinder hätte zurückverfolgen können. Außerdem stellten Ärzte des eigenen Krankenhauses den kerngesunden Kindern Atteste aus, die ihnen Krankheiten bescheinigten, um die Vorschrift, nach der gesunde Kinder zuerst indischen adoptionswilligen Eltern angeboten werden müssen, zu umgehen. Dabei wurde so nachlässig gearbeitet, dass die Dokumente häufig in sich widersprüchlich waren – ganz offensichtlich rechneten weder Schwester Teresa noch die anderen angeklagten Heimleiter mit einer ernsthaften Kontrolle durch die Behörden.

Leider gibt es im indischen Strafrecht keine Paragrafen zum Thema Kinderhandel, und darum konnten Schwester Teresa und ihre Helfer nur wegen Betrugs und Dokumentenfälschung verurteilt werden. Sie alle erhielten lediglich eine Gefängnisstrafe auf Bewährung und gingen selbstverständlich in Berufung. Seither hat Schwester Teresa zwar keine neue Lizenz erhalten, doch mit Ausnahmegenehmigungen durch korrupte Beamte gelingt es ihr immer wieder, Kinder ins Ausland zu bringen. Im Moment sitzen zwei kleine Mädchen bei ihr im Tender Loving Care Home, und Teresa wartet nur auf eine Gelegenheit, um einen Weg zu finden, diese Kinder nach Deutschland zu schicken. Dies sagte sie persönlich einem Deutschen, der sich bei ihr telefonisch erkundigte, ob sie ihm dabei helfen könnte, ein indisches Kind zu adoptieren. Wo diese kleinen Mädchen herkommen, das weiß nur Schwester Teresa. Aber ich bin mir sicher, dass sie irgendwo in Indien Verwandte haben, wenn nicht gar Mutter und Vater.

Wenn wir aber glauben, dass die Verhältnisse nur in Indien so korrupt sind, dann täuschen wir uns gewaltig. Das Geschäft mit der Sehnsucht kinderloser Ehepaare blüht auch in vielen anderen Ländern Asiens, Afrikas und Südamerikas prächtig. Ein kürzlich erschienener Dokumentarfilm von Golineh Atai zeigt eindrucksvoll, wie stark die internationale Lobby für Adoptionen, die sich über die Jahre gebildet hat, ihren Einfluss auch in Ländern des ehemaligen Ostblocks, wie beispielsweise Rumänien, geltend macht. Nach dem Ende des Ceaușescu-Regimes wurden weltweit die Menschen von entsetzlichen Bildern aus rumänischen Kinderheimen aufgeschreckt, und viele Ehepaare waren bereit, diese Kinder zu adoptieren. In Golinehs Film wird gezeigt, wie noch heute, nachdem die entsprechenden Heime längst leer sind, Kinder ihren Familien weggenommen oder inländischen Adoptionseltern vorenthalten werden, um an ihrer Vermittlung möglichst viel Geld zu verdienen.

Doch wo die Kinder auch herkommen, die Spuren von Betrug und Amtsmissbrauch lassen sich bis in die Länder verfolgen, in die die Kinder geschickt werden. Denn auch dort gibt es amtliche Stellen, deren Aufgabe es ist, die Stimmigkeit und Richtigkeit der Dokumente aus dem Ursprungsland der Adoptivkinder zu prüfen und erst danach die Adoption zu genehmigen. In meinem Fall dauerte es ungefähr zwei Jahre, bis dieses Prüfverfahren abgeschlossen war. Und dennoch hat niemand die Unstimmigkeiten in meinen Unterlagen bemerkt. Woran liegt das? An Nachlässigkeit oder gutem Glauben? Anders gefragt: Sieht man die Formfehler nicht oder will man sie nicht sehen? Sind die Sachbearbeiter überhaupt in der Lage, die Dokumente richtig zu beurteilen? Fehlt ihnen die Kompetenz oder gehen sie grundsätzlich davon aus, dass es eine gute Sache ist, ein Kind aus einem Land wie Indien nach Deutschland zu holen, wo es ihm ohne Zweifel besser gehen wird?

Ein ehemaliger Leiter der Adoptionsstelle in Karlsruhe nannte die Adoptionsvermittlungsarbeit das »Sahnehäubchen« innerhalb eines Jugendamtes. Es ist einfach unendlich befriedigender für einen Sachbearbeiter, süße kleine indische Kinder an deutsche, wohlsituierte Familien zu vermitteln, als sich der Sozialarbeit zu widmen, sich in soziale Brennpunkte zu begeben, mit Familien zu arbeiten, in denen alles im Argen liegt. Das ist richtige Knochenarbeit, aber in den Amtsstuben der Vermittlungsstellen werden oft täglich Blumensträuße abgegeben, mit denen sich die glücklichen Adoptiveltern bedanken. Das Jugendamt kontrolliert die Familien nur in den ersten drei Jahren, so lange werden die Haushalte mit Adoptivkindern – zumeist Akademiker wie Lehrer, Ärzte und Rechtsanwälte – besucht, und in dieser Zeit ist meist noch alles in Butter: Die kleinen Kinder sehen proper und glücklich aus, noch leisten sie keine Widerrede und stellen keine unangenehmen Fragen. Ist das Kind dann zwölf, dreizehn und älter, beginnt die Situation in der Regel schwieriger zu werden. Dies allerdings bekommt der zuständige Sachbearbeiter vom Jugendamt nicht mehr mit, er ist mit neuen Adoptionsverfahren befasst und alles geht wieder von vorne los.

Heute heißt es in den Slogans der Adoptionsvermittlungsorganisationen und auf deren Internetseiten oft, dass jedes Kind ein Recht auf eine Familie habe. Aber genau so ist es eben nicht. Jedes Kind hat ein Recht auf *seine* Familie. Und tatsächlich brauchen nur die wenigsten Kinder tatsächlich Adoptiveltern. Nur bei Kindern, die tatsächlich Waisen sind und auch sonst keine Verwandten mehr haben, ist dieser Schritt gerechtfertigt. Dies ist aber nur bei ganz wenigen Kindern tatsächlich der Fall. Die vordergründige Argumentation lautet: Was ist besser, die Kinder in ihrem Kulturkreis zu belassen und sie dort vor die Hunde gehen zu lassen oder ihnen ein zivilisiertes und wohlhabendes Zuhause zu geben? Hört man genau hin, dann klingen hier viele postkoloniale Töne an, die, wenn man sie in ihr Extrem steigert, dort enden, wo Schwester Teresa sich befugt fühlt, eine Frau wie Fatima einfach so sterilisieren zu lassen.

In der Kinderrechtskonvention der Vereinten Nationen, die alle Staaten außer Somalia und die USA unterschrieben haben, sind die Rechte von Kindern klar definiert. Es heißt darin unter anderem, dass ein Kind nur aus wirklich schwerwiegenden Gründen von seinen Eltern getrennt werden darf – sei es beispielsweise, weil sie es nicht ernähren können, weil es an Leib und Seele bedroht wird, wenn Drogen im Spiel sind oder die Eltern verstorben sind. In diesen Fällen muss man versuchen, das Kind in der Familie zu belassen und bei Verwandten einzugliedern.

Ist auch das nicht möglich, muss das Kind in die Obhut des Staates gegeben werden, der für seinen Schutz und sein Wohl verantwortlich ist. In diesem Fall versucht man als Erstes, das Kind bei Pflegeeltern unterzubringen, immer mit dem Ziel, es, wenn irgend möglich, wieder in die Ursprungsfamilie zu integrieren. Dabei ist die Unterbringung in Kinderheimen das letzte Mittel, weil bekannt ist, wie schwierig diese Erfahrung für Kinder in der Regel ist. Und erst ganz am Ende dieser Kette an Möglichkeiten steht die Adoption – zunächst im Inland, um das Kind nicht aus seiner eigenen Kultur, Sprache und Religion zu reißen. Und nur wenn auch das nicht möglich ist, wird als allerletztes Mittel die Adoption ins Ausland in Erwägung gezogen.

Wir müssen uns darüber klar werden, dass es in unserer reichen, westlichen Gesellschaft »in« geworden ist, sich ein Kind aus einem armen Land zu holen, und je nach Möglichkeit am besten gleich mehrfach. Berühmte Beispiele wie Madonna, Angelina Jolie und Brad Pitt oder Mia Farrow vermitteln den Eindruck, dass es heutzutage zum guten Ton gehört, Kinder aus verschiedenen Erdteilen anzunehmen und in teuren Internaten erziehen zu lassen. Sie adoptieren Kinder aus Afrika, China, Vietnam, Äthiopien, Kambodscha, Südkorea, Sibirien, Russland und Indien, lassen sich dann nach Jahren wieder scheiden und leben mit neuen Partnern. Die Kinder müssen das alles miterleben und es ist typisch, dass nach dem großen Ah und Oh der Adoption, viele Jahre später, nachdem das Zuhause zerstückelt wurde, keiner mehr danach fragt, ob das nun zum Wohle der Kinder war und ob es das überhaupt wert war.

Und selbst wenn sie, wie Madonna mit ihrer letzten Adoption, scheitern und einen regelrechten Skandal auslösen, so hat dies keine Folgen und wird in der Öffentlichkeit rasch wieder vergessen. Im Gegenteil: Auslandsadoptionen ernten allgemeine Bewunderung und fördern das Image. Menschen, die Kinder adoptieren, gelten als modern, selbstlos und uneigennützig. Es scheint, als leisteten sie ihren persönlichen Beitrag zum Ausgleich zwischen den reichen und den armen Ländern. Der multikulturelle Aspekt einer Auslandsadoption kommt noch hinzu. Wer ein Kind aus Afrika, Südamerika oder Asien annimmt, ist ohne Zweifel vorurteilsfrei und aufgeschlossen. Und das mag auch alles stimmen. Dennoch – der wichtigste Aspekt wird meiner Meinung nach vernachlässigt, nämlich die Folgen, die es nach sich zieht, wenn man ein Kind aus seiner Familie reißt, nur weil diese arm ist, und wenn man es von seiner Kultur entfremdet. Diese Folgen sind unabsehbar und die seelischen Wunden, die dabei entstehen, verheilen nie.

Statt einer Familie das Kind wegzunehmen, weil es dort nicht gut versorgt werden kann, ist es laut EU Kinderrechtskonvention die Aufgabe des Staates, die Familie so zu stärken, dass das Kind dort bleiben kann. Dies bedeutet natürlich einen völlig anderen Ansatz, als massenhaft Kinder ins Ausland zu verfrachten mit dem Argument, dort gehe es ihnen besser, dort hätten sie eine glücklichere Zukunft.

Geht es mir besser, weil ich in Deutschland aufgewachsen bin statt in dem Viertel meiner Mutter in Hyderabad? Wer will sich anmaßen, das zu beurteilen? Wenn ich das sage, wird mir oft der Vorwurf der Undankbarkeit gemacht. Aber soll ich wirklich dankbar dafür sein, dass man mich meiner Mutter gestohlen hat und dafür sorgte, dass ich ans andere Ende der Welt gebracht wurde?

Frau Knuth, der ich so viel verdanke und die ich so sehr schätze, sagte einmal etwas, was ich nie vergessen werde: »Ein Kind weiß um seine leiblichen Eltern, auch wenn es sie nie gesehen hat. Weil das Kind Vater und Mutter *ist*. Und diese Verbindung ist unendlich stark. Eine Mutter, der man das Kind weggenommen hat, kann das nie mehr vergessen. Und die Adoptiveltern, auch wenn sie die besten Eltern der Welt sind, werden niemals eine vergleichbare Verbindung zu diesem Kind aufbauen können. Es kann das einfach nicht zulassen, denn es hat bereits eine Mutter. Dieser Platz in seinem Herzen ist schon besetzt. Kein Kind auf dieser Welt braucht zwei Mütter, die womöglich noch einen Anspruch auf es erheben. Eine davon ist überflüssig. Und was macht man hier bei uns in so einem Fall? Man geht zum Therapeuten. Aber keiner kann die leibliche Mutter wegtherapieren.«

In einer Geschichte wie der meinen kann es nur Verlierer geben. Inzwischen ist mein Vater von zu Hause ausgezogen, in eine eigene Wohnung, das Haus wurde verkauft. Hätte es so weit kommen müssen? Warum bereitet man Paare, die unbedingt ein Kind adoptieren wollen, nicht auf das vor, was auf sie zukommt? Dass sie nämlich nicht einfach nur ein Kind adoptieren, sondern gleich eine ganze Familie dazu? Mit der sie sich, wenn auch nicht sofort, irgendwann einmal auseinandersetzen werden müssen? Denn es gibt nun mal nicht so viele Kinder, die vollkommen allein in der Welt stehen, keine Eltern und auch keine Verwandten haben, jedenfalls bei Weitem nicht genügend, um die immense weltweite Nachfrage zu decken. Stattdessen wird den Ehepaaren etwas vorgegaukelt und viele wollen es gar nicht so genau wissen, so sehr sind sie von ihrem Kinderwunsch berauscht und getrieben.

Aber machen wir uns nichts vor: Es sind die Adoptionsanfragen aus den reichen Ländern, die dazu führen, dass Kinder ihren Eltern weggenommen werden. So wie höchstwahrscheinlich auch bei mir. Meine Adoptiveltern konnten das, wie viele andere, nicht ahnen. Und dies ist der Grund, warum ich mich entschlossen habe, meine Geschichte zu erzählen. Um endlich aufzuräumen mit dem schönen Schein der Auslandsadoptionen. Um jene Menschen aufzurütteln, die immer noch glauben, es sei in jedem Fall eine gute Sache, ein Kind vor einem Leben in Armut zu bewahren. Um auf Missstände hinzuweisen, vor denen immer noch die Augen verschlossen werden. Denn es ist nicht einfach zu erklären, was schlecht sein sollte an einem exotisch aussehenden Baby in einem deutschen Kinderwagen. Es gibt andere Missstände, die leichter zu vermitteln sind. Es leuchtet den Menschen in der westlichen Welt völlig ein, dass Genitalbeschneidungen ein großes Unrecht sind. Niemand wird leugnen, dass Kinderprostitution ein Verbrechen ist. Und so weiter und so fort. Aber das Adoptieren von Kindern aus armen Ländern umgibt noch immer ein Glorienschein. Meine Geschichte zeigt jedoch, was sich leider viel zu oft hinter diesem schönen Schein verbirgt: Kindesraub und Betrug, mit ungeheuren Folgen für alle Betroffenen.

Für mich bedeutet meine Adoption, dass ich mich mein Leben lang zerrissen fühlen werde zwischen zwei Welten. Denn ich bin in Deutschland aufgewachsen und fühle mich trotz aller Sehnsucht mehr deutsch als indisch. Aber was ich tatsächlich bin, das fällt mir schwer zu sagen. Ein »Mischmasch«, weder indisch noch deutsch. Ein entwurzelter Baum, der seelisch nie wieder Grund und Standfestigkeit gefunden hat, weil er an einem Ort in die Erde gepflanzt wurde, an den er nicht gehört. Wie ein Lotos, den die Wellen des Wassers hin und her treiben, während seine Wurzeln tief am Grund des Sees nach Halt suchen.

Epilog

Die Worte meiner Urgroßmutter im Ohr, kam ich zurück ins kalte, winterliche Deutschland. Ich versuchte, wieder Tritt in meinem Alltag zu fassen und gleichzeitig all das Erlebte zu verarbeiten.

Es war mir wichtig, ein gutes Abitur zu machen, um danach studieren zu können. Und im Mai 2011 war es dann endlich so weit: Ich hielt mein Abiturzeugnis in Händen.

Und nun habe ich die Zukunft fest im Blick. Ich möchte studieren. Psychologie ist die Fachrichtung, die mich schon so lange interessiert. Ich will genau lernen, wie Menschen denken und fühlen, warum sie handeln, wie sie handeln, wieso es gewisse Verhaltensmuster und Emotionen gibt. Ich will die Prozesse und Strukturen dahinter verstehen. Ich will nachvollziehen können, warum Dinge geschehen, und letzten Endes will ich Menschen dabei helfen, ihre grauen Wolken verschwinden zu lassen.

Ich wünsche mir nichts sehnlicher, als endlich in der Lage zu sein, meine Familie in Indien regelmäßig zu besuchen. Und meine Mutter zu unterstützen, damit sie nach all dem ausgestandenen Leid ein besseres Leben führen kann. Als Christin habe ich gelernt, das Schicksal anzunehmen, das mir Gott zugeteilt hat. Mein Lebensmotto, das mich so lange begleitet hat: »Gott lädt mir nur so viel auf, wie ich tragen kann«, will ich auch weiterhin im Herzen bewahren.

Ich weiß, dass ich, wenngleich ich ein gestohlenes Kind bin, durch meine Vergangenheit an Stärke gewonnen habe. Und wenn auch die dunkle Wolke der Depression mein Leben lang wiederkehren kann, so wird sie mich nicht mehr verschlingen. Mein Schicksal hat mich zu einer Tänzerin zwischen den Welten gemacht. Und ich habe beschlossen, diese Herausforderung anzunehmen.

Danksagung

Ich danke all den Menschen, die mir in meinem Leben eine Stütze waren und sind. Die mir beistanden und Kraft gaben, die mir auf meinem Lebensweg nicht nur gut zusprachen, sondern auch neben mir, mit mir gegangen sind und es auch heute noch tun.

Ich danke Euch allen, dass Ihr mir immer wieder bewusst macht, wie wunderbar und wertvoll das Leben ist.

Ich liebe Euch von ganzem Herzen und trage Euch, solange ich lebe, immer genau dort mit mir.

Zuerst einmal möchte ich Christine Proske von Ariadne-Buch, von der die Idee stammt, dieses Buch zu realisieren, danken. Ebenso wie Stefanie Heim vom Südwest Verlag für ihr Interesse an meinem Buch und die Umsetzung.

Beate Rygiert, meiner lieben Ghostwriterin, danke ich ebenfalls, denn ohne ihr Verständnis und Einfühlungsvermögen wäre mein Buch nicht das geworden, was es nun ist.

Ich danke Arun Dohle, Anjali Pawar und Gita Ramaswamy, die mich alle tatkräftig unterstützten und denen ich immer dankbar sein werde.

Meiner allerliebsten Getraud Knuth möchte ich für ihr allzeit offenes Ohr und ihre Herzenswärme, die sie mir immer schenkt, danken.

Ich danke Simone Eiler, Celine Sckommodau und Emine Deveci, meinen allerlängsten und liebsten Freundinnen, die mir immer treu geblieben sind und mit mir seit Jahren durch dick und dünn gehen, sowie allen anderen Freunden, die mich immer unterstützen, mir mein Leben vergolden und mich nehmen, wie ich bin.

Auch Amjad, der es mir ermöglichte, mit meiner Mutter telefonisch Kontakt zu halten, möchte ich an dieser Stelle danken.

Ich danke meinen lieben Betreuern, die mir auf dem Weg in die Selbstständigkeit mit Rat und Tat zur Seite standen.

Mein Dank gilt auch Frau und Herrn Smoll, die mir immer eine Zuflucht boten und mir so viel Herzlichkeit und Wärme schenkten. Meinem Tanzverein und ganz besonders meiner Lieblingstrainerin Patricia möchte ich danken sowie meiner Chemielehrerin Frau Scharlach, die mich immer gefördert und an mich geglaubt hat. Ebenso meinem Religionslehrer Herrn Jürgen Strötz, der mir so vieles nahebrachte und verständlich machte.

Zu großem Dank bin ich auch meinem Arzt Dr. Hermann Güllich verpflichtet, der mir immer wieder so wunderbar mit seinem Wissen hilft und der mir in den vielen Jahren sehr ans Herz gewachsen ist.

Ich danke auch Golineh Atai, ohne die die Filmdokumentation und das Treffen mit meiner Familie nicht möglich gewesen wären.

Meinem lieben Eis-Rudi, meinem Firmpaten Rudolf Pawelka, möchte ich danken, dass er meine Bildung und meine Liebe zum Lesen bis heute unterstützt.

Auch danke ich meiner Adoptivmutter für alles Gute, das sie mir getan hat.

Ich danke meinem lieben Papa, der mir immer mit Rat und Tat zur Seite steht, auf den ich immer zählen kann und der mich nie im Stich lässt. Mit dem ich lachen kann und weinen, den ich einfach von ganzem Herzen liebe wie niemanden sonst!

Und zuletzt Danke an meine Familie in Indien. Besonders an meine Mutter Fatima, die mir das Leben schenkte.

Initiativen, die mich bei meiner Suche unterstützten:

Initiative AdoptionsOpfer
Ansprechpartnerin: Gertraud Knuth
Internet: www.adoptionsopfer.de
E-Mail: mail@adoptionsopfer.de

act – against child trafficking
Ansprechpartner: Arun Dohle
Internet: www.againstchildtrafficking.org
E-Mail: info@againstchildtrafficking.org